学思书系 · 课堂教学系列

以案说理

——有效教学需要什么

YI AN SHUOLI
YOUXIAO JIAOXUE XUYAO SHENME

田立君/著

东北师范大学出版社
长 春

图书在版编目（CIP）数据

以案说理：有效教学需要什么/田立君著. —长春：东北师范大学出版社，2014.4

ISBN 978-7-5602-9918-1

Ⅰ. ①以… Ⅱ. ①田… Ⅲ. ①教学研究 Ⅳ. ①G420

中国版本图书馆CIP数据核字（2014）第082292号

□责任编辑：包瑞峰　□封面设计：张　然
□责任校对：马绮娜　□责任印制：刘兆辉

东北师范大学出版社出版发行
长春净月经济开发区金宝街118号（邮政编码：130117）
电话：0431—84568025
网址：http://www.nenup.com
东北师范大学出版社激光照排中心制版
北京柯蓝博泰印务有限公司印装

2014年6月第1版　2019年5月第3次印刷
幅面尺寸：169 mm×239 mm　印张：11.75　字数：206千

定价：28.00元

1. 黑龙江省教育厅2014年度人文社会科学研究项目：教师专业发展与教学有效性研究（项目编号：12542301）
2. 齐齐哈尔大学教育科学研究项目重点课题：《教学论》教学内容与方法改革的理论与实践研究（项目编号2013112）

目　录

一、有效教学的基本理念

导言：有效教学的真经——坚定的教师信念

“我感觉当前空谈的教育家太多，政客的教育家太多，书呆子的教育家也太多。毕竟，教育是一门应用性很强的科学。当代中国基础教育迫切需要像陶行知那样‘爱满天下’的人民教育家，像张伯苓那样一生一心一意办教育的教育家，像梅贻琦那样‘行胜于言的教育家’。”① 这里摘录的是北京市大兴区行知学校校长黄鹤在当选“中国十大人气校长”颁奖典礼上的获奖感言。他的话道出了教学何以有效的真经——“爱满天下”的从教信仰和行胜于言的知行合一。

有效教学是人的教学，它的实现是由人来完成的，人的理念、人的行为决定生命的饱满或干瘪、心灵的舒展或抑郁，这都关乎你遇到了什么样的人，参与在你行走的路上，施与影响，左右你看自己、看周围、看世界的眼神与行动。故而有效教学的真经取决于由什么样的人——配称作教师的人，来续写关于一个个鲜活的、与众不同的生命的故事。

“我认为教师不仅要精通自己所教学科的知识，更重要的是要有正确的教育理念、合理的知识结构、精湛的教学能力、高尚的道德品质。教书育人，不能只做教书匠。教育是一门科学，人的发展是有规律的，教育也是有规律的，教师要学习教育理论、心理学理论，并在实际中应用。教育又是一门艺术，教师教书育人是要讲策略、讲技巧的，教师尤其要以自己的人格魅力感染学生。因此我曾说：教师是知识的传播者、智慧的启迪者、情操的陶冶者、心灵的铸造者。”② 有感于顾明远教授的一席话，发自肺腑，让我不由想起去年冬天在哈尔滨做“国培”讲座时，讲座结束后常会有老师围上来问我，是什么促成了我做教师的动力，为什么我会那么“投入在教学中，劲儿劲儿地”而不知烦倦呢？我在那一刻也会在心里问自己，是啊，什么原因呢？我当时无法说清一定是因为什么，但在我生命里确有几个难忘的镜头，经过岁月的沉淀却不曾模糊而日渐清晰，也许，冥冥中与他们的相遇，注定我这一生会与教育、与学生、与课堂、与校园，有不解的生命之缘。

---

① 黄鹤．行胜于言［N］．中国教育报，2006-2-21（5）．

② 顾明远口述，李敏谊整理．顾明远教育口述史［M］．北京：北京师范大学出版社，2007．

我小时候的理想是当一名大记者（不是那些写花边新闻的），命运却使我成了一名教师。在长春讲课时，常有人问到对我影响的人和事。我说，说出来也许有人会认为是作秀，但是真的，苏联的影片《乡村女教师》和22年前的一本作文，似乎已在我懵懂无知时，埋下了命运的种子。

【镜头一】　　我的《乡村女教师》情结①　　田立君

昨天晚上（2006-12-19）10点半了，妹妹突然打来电话，女儿接的。老姨告诉她："快让你妈妈看中央6台的电影《乡村女教师》！"我正在洗漱，准备休息了，于是赶快打开电视，影片刚刚开始。看到那熟悉的画面，亲切久违！心里有种热热的感觉。28年了，我清晰地记得，第一次看这部苏联的影片，是我小学毕业前的1978年夏天。那时因为刚刚期中考试结束，帮助老师上分，我去晚了，电影已经开演了一段，是女教师在西伯利亚那偏僻的小村的教室里在转动地球仪。

最令我难忘的画面：

在寒冷的西伯利亚的小矿村，男人们酗酒、打老婆，有点钱的竟然以烧卢布显阔为荣耀；大人们就知道孩子长大就是要和他们一样去矿上干活，不知教育有什么用，所以瓦尔瓦拉·瓦西耶夫娜最初到达那个小村子的时候，等待她的不只是西伯利亚的暴雪和冷风。

画面一：

她每一天早晨来到她的教室，除了看门老头"等吧，等吧"的无奈的磨叨，就是空旷的木屋子照进的冬日的刺眼的阳光，瓦尔瓦拉失望的眼神一闪即逝，她面对简陋的桌椅讲起了她的第一堂课：孩子们，今天你们就和以前不一样了，你们是学生了，我教你们读书，识字，算术，我叫瓦尔瓦拉·瓦西耶夫娜。"瓦尔瓦拉·瓦西耶夫娜"，门外传来童声齐唱，她惊喜地看到门口站着四个可爱的学生。她带他们进屋，告诉他们回答长辈的话要先站起来……"你们会知道为什么会有白天和黑夜，植物是怎样生长的，河水是怎样流动的……要学习，要有知识，才不会被人欺负，才有力量……"

画面二：

她正在教室里，猛然听到外面大声的哭叫，原来是村里的酒鬼又打老婆了，没人敢管，因为他力大无比，一个人可以拉起牛车。她毫不犹豫地冲出

① 第一次看到这部苏联电影是1978年夏天，我小学毕业前夕，是父亲送给我的电影票，那时还很难买到。

去，拽住大汉："不许你这样野蛮，不许你打人。"娇小的女教师镇住了在场所有的人。那一刻，西伯利亚的狂风似乎要将纤细的她刮跑，正如她的恋人在给她的信中写的"你去的是我们的国家流放和受刑的地方，但愿西伯利亚的风雪不要冻坏了你，不要把你连根拔起"，她镇定的目光，不可侵犯的尊严吓住了野蛮和愚狂。

画面三：

维尼雅没来上学，瓦尔瓦拉和学生们去她家里，发现维尼雅家的房子塌了。她晚上来到村里的酒铺，对着那些正喝得大醉的男人们说："维尼雅家的房子塌了，借我点钱。"没等她说完，其中一个醉汉大声喊道："维尼雅家的房子倒了关我们什么事！女先生，来喝一杯酒，你不喝就是瞧不起我，我就不知道教育是个什么东西，看我有的是钱。"他拿起火柴在那些起哄的家伙的助威下，把一打卢布烧了。瓦尔瓦拉走过去，掏出一块布包："我没有你们有钱，我每月只有 15 卢布，但我要拿出来帮维尼雅家盖房子！"她把钱放在了桌子当中，然后端起大碗酒喝下去，呛得流出泪。"女先生都喝了，我出 20 卢布！我出"。画面的镜头是春天的教室里，黑板上写着"维尼雅家盖了一座新房子"。维尼雅笑了。

画面四：

矿工的儿子普里齐极有天分，瓦尔瓦拉决定送他去城里考中学。"不要紧张，孩子，你一定会考取的，你是这里最优秀的学生。"他们走在俄罗斯开阔的原野上，辽远的天空有一群飞雁掠过，一望无际的茂盛的草场开满了数不清的各色野花，普里齐赤脚用木棍钓着他的一双皮靴。"挺起了胸膛向前走，天空树木和沙丘，光着脚丫身穿破棉袄，朝前看，别害臊，前面是光明大道"，原野回荡着普里齐的朗诵，师生俩的背影消失在暮色苍茫的大地……这一幕，我永生难忘！当我在键盘上敲出这段文字，止不住泪湿眼眶。我内心有股热流在奔涌，这似乎与我的年龄不相符，我内心的感动一如我在小学五年级时看到此处时心灵的震撼！

而今重温此镜头，电影中的画面与我的教学生活重叠了：我的眼前出现了多年前我和我的学生在一起的场景——1998 年寒冷的冬天，我带着高一（5）班的韩宇去市里参加全省中小学生爱国主义演讲比赛。一路上，我为他鼓劲、指导，最终他在众多选手中脱颖而出，从此奠定了他的自信；又是他韩宇以 2 分之差未被重点班录取，我向校长力荐他时，校长开始有些不理解，劝我说："谁不希望自己班里多一个好学生。他又是你的班长，留在 5 班，对你的管理也有好处。再说送到 1 班，高考就不算你们班的名额了。送走，你舍得吗?”我急着表白：“他很有天赋，虽然留在我们班，管理会很好，但我班毕竟是自费班，班上同学成绩参差不齐，对他最后的高考冲刺不利。如果对他的将来有益，我个人的成绩算不了什么。”他最终去了1班。我让校长保密，不要告诉他实际成绩不够，这样让他有充分的信心，克服他的自卑感，也让他没有任何包袱地来到1班。后来在2000年高考中，他考入北京广播学院播音系，现在北京电视台给动漫片配音。今天春节他来到我家，为我深情朗诵他写的诗歌……

也许是少年时代给我的感受太深，也许我的血管里始终涌动着理想主义的血液，我对于伟大的和尊严的事物，有特殊的热爱。我在生活中寻找捕捉蕴涵时代和生命本质的东西，常常满腔热情地注视着生活，探询我不懂的事物，对世界充满好奇。我并不回避生活中的黑暗与冷酷，只是我不认为它有资格成为主导。生活本身是善恶不分的，但教师和作家是有善恶的，胸膛里该跳动温暖的良心，在文学术语里，它被优雅地称为“审美”。现如今有了一个“审丑”的词，丑可以“审”，却不可赞扬。

崇高的侧面可以是平凡，绝不是卑微。福克纳在接受诺贝尔文学奖时曾说，诗人和作家的特殊光荣就是“提醒人们记住勇气、荣誉、希望、自豪、同情、怜悯之心和牺牲精神，这些是人类昔日的骄傲。为此，人类将永垂不朽。”这就是伟大作家的良知。

妹妹知道这部影片在我心中的分量，我在午夜的时分里重温了少年时的感动。这是一个多元的时代，没有什么是唯一的标准，我们不能要求人人都变得崇高，但我们至少要凝视崇高而不是蔑视崇高。我由此万分感谢《乡村女教师》，是它把人类来自内心的感动和精神力度张扬和放大，感染和激励许多的心灵善感和向上。《乡村女教师》的拍摄已近一个世纪，瓦尔瓦拉·瓦西耶夫娜折射着人性的光辉，诠释着真、善、美的力量，她成全了人的高贵与暖色。可以说，这部影片影响了我的生活，影响了我的教育梦。

【感悟】

教师的信念是积淀于教师个人心智中的价值观念，通常作为一种无意识的经验假设支配着教师的行为，具有导向性和支配性。它是通过教师的行动得以实现和表现，教师的不经意行为往往最能体现其教育信念。教师信念的形成通常受教师个人生活经历（特别是学习经历、关键人物、事件和时期）的影响比较大，受外在教育理论的影响比较小。

【镜头二】　　　22年前的一本作文本[①]　田立君

这件事发生在1998年9月9日，“教师节”前一天。13年来，它一直存放在我的记忆里。不知怎么，几次想把它用文字记录下来，都无法成行。此刻，我坐在电脑前，打出标题“22年前的一本作文本”，手就开始不住地抖，我试图平静自己，但泪水还是在眼眶里打转儿。我看着眼前的这个作文本，那是1976年一个四年级小学生的普通的作文本，封面还打着那个时代的烙印——两个红小兵小将手捧“红宝书”，手举大喇叭在宣传着什么。是的，就是这个不起眼的作文本，我的小学班主任郭敬忠老师，为我保存了22年（从1976到1998年）！

那是1998年9月9日，一个阳光明媚的上午。我从学校里跑出来，去鲜花店为我的老师买一束康乃馨并选了一个精美的水晶花瓶——作为教师节的礼物送给她！这是我们这个小城刚开的一家鲜花店，买鲜花还是很新奇的事。店老板很惊奇地问我：“咦，田老师，你怎么还自己买花呀？明天会有学生送给你的！”“我给我的老师送花呀！”我抑制不住自己的自豪与兴奋。“哦，你的老师好幸福啊！还有你这么大的学生！”我捧着鲜嫩无比的康乃馨，在店老板的羡慕中向二小——我的母校，向郭老师——我的班主任，飞去。来到郭老师的办公室时，她正在教室给学生上课。办公室里的几位老师招呼我坐在郭老师的桌前，看着我怀里的鲜花，不住地感慨：“都成老师了，还没忘自己的老师！”“怎么能忘呢！一辈子也忘不了！”一位年轻的女老师热情地要为我去教室找她：“你来得不巧，这才刚上课！”我示意她不用。我小时候知道，就是有多大的事，上课她也不许别人打断（这里有故事）。我愿意在这儿静静地等老师。办公室里又恢复了宁静。上午的阳光从东面的窗户倾泻而下，照在那一大束康乃馨上。那一束鲜花静静地玉立于老师的桌上，透过光线，格外的美丽。

当我的老师进来的时候，她一眼看到了那鲜花。我向她奔过去，拥抱她并在她的耳边说：“康乃馨是献给母亲的花——我祝老师节日快乐！”“这个傻丫头总有新花样！我还没见过这样好看的花呢！”老师嗔怪中带着骄傲，那眼神儿，我至今难忘！“哎呀，你可真有福啊！你的学生这么有出息还记

① 这件事发生在1998年9月9日，教师节前一天。这个作文本，我会一生珍存，纪念我的启蒙老师——郭敬忠女士。

着你！”在别的老师的感叹中，我的老师像小孩子一样呵呵笑，眼睛眯成一条缝儿！说了几句话后，老师像想起什么似的，忽然说：“我也送给你一样礼物！”她的办公桌上有几个包装好的小盒子，还有一些精致的贺卡，我以为老师要把它们送我。这时，她拿出钥匙，打开抽屉，从最里面取出一个蓝色塑料袋，打开是一个牛皮纸袋儿，我很好奇。见她又从牛皮纸袋儿里拿出一个包着过去才有的花格手绢的小包，她就那么不紧不慢地一层层打开，我愣愣地看着。最后，她把一个作文本放在了我的手上，说：“物归原主，完璧归赵！”我双手接过，一时愣住。“这是你四年级时用过的作文本。当时，我没舍得给你。每次我教到四年级时，总把你的作文念给学生们听，总是觉得他们就是不如你四年级时写得好！你以前来看我，好几次都想把它还给你，又担心你啦啦糊糊弄丢了！明年我就要退休了，去青岛我儿子那儿，想想还是给你吧！但你要答应我，别弄没了啊！”她后边又嘱咐了什么，我已听不见了。此刻，我站在老师的桌前，手捧着作文本，一句话也说不出来。只觉心口发热，呼吸困难，镜片模糊一片。我拼命地抑制自己，但还是泪流满面。我面向老师深深地鞠了一躬！这时上课间操的铃声响了，我抱住老师亲了她的额头，头也不回地跑出了大门。现在回想起来，她一定会看着我，直到我的身影消失！

此刻，写到这里，泪珠滴落在键盘上。从 1976 年到 1998 年——22 年啊！一个小学生的作文本，她的老师为她保留了 22 年！就是我的母亲也做不到啊！就是一沓美元、一捆人民币，也很难会想起放到了哪里！我想！可是，我的老师，为我这一存就是 22 年！这期间我的母校就搬了三次家！她说我的作文比她带的四年级的学生好，这怎么可能呢！不说遣词造句如何，单看那带着那个时代鲜明印记的话语就足以让人忍俊不禁！此刻，我又翻开我的作文本，老师那娟秀的红字依然清晰亲切！那曾经让我无比激动的红波浪（表示优美的语句），那订正过的一个个标点，那长长的批语！啊，我亲爱的老师，她向我走来，还是她年轻时的笑脸！写到此，我伏案而泣！我的亲爱的郭敬忠老师已在 2003 年 11 月 30 日离开了我们！那天晚上，我在作文本的第一页的空白处写下了老师的祭日。

此刻（2011-4-26 19：11），夕阳已落，我望望窗外的天空，希望老师在天堂里会听到我的祝福！

【感悟】

“真水无香，大爱无言”，做人师不是做教书匠，对学生不仅是言教，重要的是身教。身教重于言传。因为教育的力量，只能从教师活的人格当中来，这是一种特殊的弥足珍贵的教育资源——来自大写的人。

看到这本22年前的作文本，心中无限感慨：“我们现在的体制，在教学上可以出能工巧匠，但是很难出大师。能工巧匠有很娴熟的技巧，他们很能揣摩学生的需要，他们能在一个阶段很出色地解决学生遇到的问题，但是他们无法像一盏灯一样照耀一个人的一生。”① 是啊，做经师须下一番苦功，做人师更需高远的境界。掌握为师“传道授业解惑”的技巧，已属不易，而做到“像一盏灯一样照耀一个人的一生”，又有几人？写就此文，怀念我的启蒙恩师，愿有更多盏灯照亮学生人生之路。

① 吴非．大题小做［J］．语文学习，2001（1）．

1. 经师与人师

从古至今，人皆尊称从教者为“师”。“师者，人之模范也”，是谓“老师”。《资治通鉴》说：“经师易遇，人师难遭。”按古人的解释，经师指“专门名家教授有师法者”，人师则“谨身修行足以节俗者”。用现在的说法就是经师教学问，人师教做人；经师重能力，人师重品行。经师是做教师的基本条件，人师是教师修养的最高境界。只受经师之教，未得人师之育，是人生憾事。当下探讨有效教学，无论从“三维目标”促进学生全面发展来说，还是从“自主、合作、探究”学习方式的变革来看，都需要教师从单纯的传授“记问之学”走向“传道、授业、解惑”的生命之道。

“我山之石”

有效教学的理想之路——由经师走向人师

经师用韩愈的解释就是“授业解惑”，而人师在“授业解惑”之前还须加上“传道”。其实能成为合格的经师也不易，也须下一番苦功的。要把课讲好，需把知识教得正确明白，让学生听懂了，学会了，这需要教学的基本功，是讲经的“先生”的本分；至于学生们内心的感受，他们接受的程度和态度就管不了那么多了，或者也没想到要管那么多——除了课本之外的东西。一句话，书上有啥就教啥，此谓教书先生——经师也。而人师则不同，在于一个“道”，既教知识又教做人，教书不忘道化育人，教书与育人同步，传经与布道水乳交融。人师是春风化雨，是点石成金。

我们甚至无法给人师下个定义。因为人师是动态的，是生长中的。我们说人师是学生生命之师，在于他每天给学生带来的是如同朝阳般充满希望和活力的生命激情。和他在一起，你会不知不觉受到感染，感到活着真好，生命的每一天，太阳都是新的。学生盼着见到他，愿意在有他的课堂上表现得更好。同样的内容，要是他在讲，学生们就爱听。也是那样的教学目标、教学的重点和难点，但他一讲起来，就是那么不一样，那知识点就像活了起来，多枯燥的公式定理、多单调的字母文字，都像魔法似的妙趣无穷。

人师讲经又传道，这多忙乎人，多累呀！你要这么猜就错了！生命之师还在于他在做教师的过程中感到幸福。他备课、讲课、辅导、与学生谈心，他做的这一切是他喜欢的，一个人做着自己喜欢的事儿，怎么会感觉到累呢！所以我们说人师是幸福之师！有一句话说得好："有，只能带来有；没有，只能带来没有。"和有幸福感的教师在一起，学生自会感到身上有使不完的劲儿，满是舒展和痛快。

人师总给人希望，你想放弃自己他都不答应！"本来以为自己差得没什么救了，但在他的课堂上一下子醒了——哦，我原来也可以这么优秀呀！"所以我们说人师是希望之师，和他在一起，你会慢慢懂得什么是"相信自己，相信未来"！

从懵懂无知到立身处世，在他的身边耳濡目染，你知道了"知足知不足，有为有不为"；你懂得了"内方而外圆"；你明了"三人行则必有我师"；你受益于"予人玫瑰，手留余香"；你践行了"眼睛是懒汉而手是好汉"；你豁然开朗于"做你自己，你是不可复制的"……这就是人师的另一种解读——我们称为智慧之师！

他遇事并不吵吵嚷嚷、大惊小怪，他总是淡淡的，像米兰的花香若隐若无。他教导你，可却并不留下什么痕迹：好像也没让你看出有过什么惊心动魄的场面。在他的课堂上，多棘手的麻烦都会化险为夷，你甚至都没来得及感受他的高明和什么绝招，事情就过去了，这让我猛然想起金庸小说里提到的"重剑无锋"，也记起《读者》上的一句"真水无香"。是的，人师的点染是悄无声息的，像"谛听草叶上露珠的滋味"，但却在你心田烙下了温暖的痕迹，分明写着"大爱无痕"。这就是人师的动力之源，我们称之为大爱之师！

对人师的诉求一定有许多种，但他们却有共同的心向，我们以为无外乎三个字：真、善、美。真——真性情，真诚；善——心地好，仁慈；美——爱智慧，创造。人师必将闪烁人性的光辉，人道的精神和人情的力量。

人师，他不分国籍——从中国到外国；不分时空——从古代到当代；不分有名和无名——从孔子、苏格拉底到山区崎岖小路上带着学生跋涉的身影；不分……是的，对人师的定义没有人为的分类和格式化的圈定，因为在人师的字典里教育没有固定的方法、技巧和学术结构，有的只是伴随课堂教学中教师不断发展学生的自信心、同情心以及探索真理等各种能力的一天天长进与改变！这就是我们理解的人师——走进学生内心世界、拨动学生情感心弦的心灵之师！

我们说了这么多，你可能要急着问：人师到底长得什么样啊？人师都是谁？他既具体可感，触手可及，生活在你我他的过去、现在和未来，又遥若海中灯塔，似在眼前又需不断前行，仿佛永远难以企及，用于漪老师的话“我做了一辈子教师，但一辈子还在学做教师！”是的，这就是人师——熟悉，在我们身旁；新鲜，在我们永去追求而没有岸边的路上。

“他山之玉”

教师五层次[①] 毛志成

作为一种职业，或是仅仅作为一种职业，凡是泛称为“从事教学活动的人”都可被名之为教师。但在实际上，同是被泛称或自称教师的人之中，其德其才在层次上却千差万别，依序大致可分为五等——大教师，好教师，教书匠，以教谋生者，因教误人者。

一、大教师

这里说的“大教师”不是依据什么大头衔或什么高级职称而定，只是依据德行上乘、智能足备而定。德行上乘是指在教人的事上有善意，有爱心；智能足备，是指在教学的事上有见识，有智慧。无论这样的教师有没有大头衔，有没有大称号，在实际上他是教育家，哪怕他仅仅是中学教师、小学教师，或是幼儿园教师。

有的人虽然获取了高级职称，做了高级教师、特级教师、教授，但未必配得上大教师之誉。他们往往只囤积了某些“死学问”、“模式化教学程式”，无生动感，无文采感，是机器式的。而另有一种教师哪怕没有大头衔、高职称（如仅仅是小学教师、幼儿园教师），他做人、教学都实现了第一流的生动性，爱学生爱得有感染力，有影响力，而且有深刻的、系统的、睿智的教育思想和教育本领，后者就堪称大教师，亦可称为教育家。

二、好教师

比起大教师来，有人虽然爱学生爱得有点儿婆婆妈妈，在教学上能尽心尽力，苦累不计，只是学问不大，讲课也表现不出特别的生动性、灵活性。尽管如此，他爱学生的心是无比赤诚的，火辣辣的；每当他走进课堂时就会全身心地投入，付出多大辛苦和多少汗水也心甘情愿。这样的教师在才智上未必杰出，工作未必出色，但又绝对当得起好教师的美誉，在主观上和客观上都有益于学生，是令人尊敬的。

---

① 毛志成. 教师五层次 [J]. 人民教育，1999 (2).

三、教书匠

教书匠若能名副其实地堪称“匠人”，也应给予适度肯定，适度尊重。须知做名副其实的“匠人”也太不易。所谓“匠人”，虽然无大智慧，无大才干，无大创造性，但又大都不违基本知识、基本技法，教育教学上有据可依，有章可循。而某些连“平平教书匠”也不够格的“教育界混子”，哪里有资格自称为“匠”？当然，我们希望教书匠提高档次，提高教育和教学的生动性——首先是提高教师的人格品位和教师的事业心。

四、以教谋生者

这种人只是将教师当成一种职业，而不是事业，全部心思就是以此谋职、谋生——包括谋食、谋禄、谋岗、谋日子。当然，这样的人虽不爱业却也守业，虽不爱职却也尽职，在工资、福利、房子、职称上虽竞相争之，但又不因此废业废职，基本上还算是个本分人、安分人。但在推荐优秀教师、可敬园丁时，我们却不要马马虎虎、随随便便地举他的手，因为他不是教育事业上的热心人和行家。

五、因教误人者

误人的人各式各样，但因教误人的人尤可厌，乃至可鄙——因为他误的是“子弟”，是孩子，是青年。误人子弟的教师中，沾了“恶人”、“坏人”边的人无疑很少很少，但对他们也绝不能投鼠忌器，而要严肃处理。

然而，若是问及“教师之中有无小人”，我们的回答就不一定取断然否定态度。至少，在教师队伍中，有“小人气”的人像在其他行业中的人一样，都没绝迹。今天，有些教师在个人名利上、个人恩怨上搞一点小争端，大都正常，无足苛责。但是，要劝告他们，应当自省、自律，若将身上那股子“小人气”去熏染学生，浊化学生，这种“反崇高”效应也许是误人子弟中的致命之误。人格矮化，从根本上说应与为人师表绝缘。

春晖的教育[①]（节选）　张清平

凡是喜欢丰子恺漫画的人，都会记得这幅作品——疏朗简洁之极的笔触勾勒出房舍廊前的景致，廊上是卷上的竹廉，廊下有木桌茶具，画面大片留白，一湾浅浅的月牙高挂，题款是“人散后，一钩新月天如水”。

这幅如宋元小令般意境悠远的水墨漫画，是上世纪 20 年代丰子恺第一幅公开发表的作品，当时，他正在浙江省上虞县白马湖畔的春晖中学任教。

① 张清平．春晖的教育［C］//商友敬，主编．过去的教师［M］．教育科学出版社，2007.

那时的春晖中学，是一所私立的农村中学。五四新文化运动后的20年代初期，其全新的教育理念犹如引力巨大的磁场，吸引得象山脚下、白马湖畔一时间群星璀璨，群贤毕至。春晖中学的校史记载着，从1921年到1925年，在这里任教的有夏丏尊、朱自清、丰子恺、朱光潜、匡互生、王任叔（巴人）、杨贤江、刘董宇等。而到过春晖中学居住、讲学的有蔡元培、李叔同、何香凝、黄炎培、柳亚子、张闻天、俞平伯、吴觉农、蒋梦麟、于右任、吴稚辉……

那是上个世纪20年代中国教育史、文化史上的独特景观，其余韵源远流芳，至今犹令人回望不已。

教育救国与经亨颐

春晖中学的创办人是近代著名教育家经亨颐。1920年，他从苦心经营13载的浙江一师去职，受上虞富商陈春澜资助，回家乡筹办春晖中学。做了多年“教育救国”的梦，他终于有了一块实验的田园。从校舍的选址设计，到教员的聘请，再到《春晖中学计划书》的完成，他一一亲力亲为。短短几年间，这所位于乡野的农村中学呈现出崭新的气象——最能体现经亨颐教育思想和教育实践主张的，当首推春晖中学。春晖中学私立的性质，使其在学校建设方面不再受制于当时的政府。春晖中学办在乡村，官厅的压力和守旧势力的干涉相对城市有所减弱。多年来，春晖依其“以哲人统治之精神自谋进行”的思路办学，“一洗从来铸型教育之积弊”。其兴学目标是：发展平民教育，培养有健全人格的国民。他常对学生说：“什么是人格？人格是做人的格式。”“求学何为？学为人而已。”他期望学生弘扬古人修身、齐家、平天下的精神，从改造自己做起，以达到改造社会的目的。他为浙江一师制订的校训是勤、慎、诚、恕。即学习要勤奋，生活要勤俭；举止行为要慎独、严谨；为人要诚实、诚信；处世要严己恕人。春晖之“所以设在白马湖者，是想感化乡村”，“至少，先使闻得你钟声的地方，没有一个不识字的人”。为了使自己的教育思想在春晖得到实施，经亨颐尝试推行教员专任，学生自治，教学自主，学制改革，男女同学，还为教师提供了优越的教学环境和优厚的待遇。这一切迥然有别于其他学校的举措，吸引了大批人才汇集。

一所好的学校，不仅能使学生得到很好的成长，使教师得到很好的发展，还能在一定程度上影响一个地方的社会文化风尚。生机勃勃的春晖中学，一时间有了很高的声望。20世纪的二三十年代，中国教育界留下了“北有南开，南有春晖”的美谈。

1938年，经亨颐病逝于上海，遵其遗愿，将其遗骨移灵安葬于春晖园内。

爱的教育与夏丏尊

春晖中学开办后，时在湖南长沙第一师范学校任教的夏丏尊辞职来到春晖。他在象山脚下筑屋定居，六间粉墙黛瓦的房舍，一个小小的院子，名之为“平屋”。

夏丏尊为人实在敦厚，他不尚空谈，希望能为教育做些实际的事情。曾经有大学请他任教，被他谢绝。他认为中小学教育更能影响一个人的一生。他在春晖教国文，正值社会弥漫复古思潮的时期。为让学生得真才实学，他自己精编教材。授课之余，他翻译了意大利作家亚米契斯的小说《爱的教育》，这本书印行后，一版再版，创下了当时外国译著印数的最高记录。他以自己的一生，实践了“爱的教育”的理想。有同事回忆他执教春晖的情形：“穿一件竹布长衫，略蓄短须，看到学生眯着眼微笑。”可一旦他察觉到学生有什么不当的言行，就会一遍又一遍地念叨，有人把他的教育方式称为“妈妈的教育”。假日学生出门，他会殷殷地拉着学生叮嘱：“勿吃酒！铜钿少用些！早些回校！”每天清晨，起床铃一响，他就来到学生宿舍，把睡懒觉的一一叫起。晚上熄灯后，他再到学生宿舍一一查看。遇私点蜡烛的，他熄灭蜡烛后予以没收。和衣而眠的，他促起脱衣盖被。有学生在点名、熄灯后溜出校门玩耍，他知道后也不加责罚，只是恳切地劝导。如果一次两次不见效，他就会待在宿舍，守候这个学生，无论多晚都守候着。等见到了学生，他仍不加以任何责罚，只是更加苦口婆心地劝导，直到这个学生心悦诚服，真心悔过。他当舍监七八年之后，学生养成了良好的生活习惯。他高兴地看到，几乎可以无为而治了。

夏丏尊在《爱的教育》译者序言中批评当时的教育：“单从外形的制度方法上，走马灯似的更变迎合，而于教育的生命，从未有人培养顾及。好像掘池，有人说四方形好，有人说圆形好，朝三暮四地改个不休，而对于池所以为池的要素的水，反无人注意。教育上的水是什么？就是情，就是爱。教育没有了情爱，就成了无水的池。任你四方形也罢，圆形也罢，总逃不了一个空虚。”

……

美的教育与丰子恺

当时的春晖，有两个最大的教室，那就是美术教室和音乐教室，丰子恺任这里的美术、音乐教师。他教导学生，艺术能够陶冶性情，使生活富有意义，能够使人超脱卑微、痛苦、迷茫的生活。他教学生画石膏头像，教学生互为模特儿写生素描。春晖的学生，有各种艺术团体，“天然图画，点写不尽，音歌啸傲，山谷共鸣”。丰子恺自己也常在白马湖畔写生作画，有时来了音乐灵感，手头没有五线谱纸，他就用画笔在自己的白衬衫上画五线谱。春晖中学早年的校歌，便是他以孟郊的《游子吟》为词谱写的。在宽松、自由、充满个性色彩的教育氛围里，呼唤出了学生对美的向往和创造的热情。“碧梧何荫郁，绿满庭宇，羽毛犹未丰。飞向何处？乘车戴笠，求无愧于生。清歌一曲，行色匆匆。”这是春晖中学当年的毕业歌，唱着这样的毕业歌离开校园的春晖学生，会拥有怎样的精神世界和心灵？蔡元培先生在春晖的演讲中肯定和赞美了春晖中学这种“美的教育”。他说：“美的东西，虽饥不可以为食，寒不可以为衣，可是却省不来……求美也和求知一样，同是要事。”

……

丰子恺一生最崇敬的人是老师李叔同，李叔同出家后云游到宁波一带，曾说：“我和白马湖是有缘的。”云水萍踪的李叔同居无定所，身体时好时差。经亨颐、夏丏尊、丰子恺、刘质平等人商议后，集资修建了“晚晴山房”，供先生常住。

《人散后，一钩新月天如水》便写成于在春晖的日子。画作表达了小杨柳屋友人相聚后的心境。新月升空，友人尽散，清幽的夜色，清雅的房舍，清静的心境如泠泠的古琴声在画幅间流淌。

……

“有信仰的教育”与朱自清

1924年，一个“微风飘萧的春日”，朱自清来到春晖中学任国文课教员。

来到春晖不久，朱自清在《春晖》半月刊上发表了《教育的信仰》一文。他在文章中谈到，教育界中人，无论是办学校的、做校长的、当教师的，都应当把教育看成是目的，而不应该把它当作手段。如果把教育当作手段，其目的不外乎名和利；结果不仅不利于学生的“发荣滋长”，而且还会“两败俱伤，一塌糊涂”。那么，什么是教育的目的呢？“教育有改善人心的使命”。他认为，如果学校太“重视学业，忽略了做人”，学校就成了“学店”，教育就成了“跛的教育”，而“跛的教育是不能行远的，正如跛的人不能行远一样”。所以，他说：“教育者须先有健全的人格，而且对于教育，须有坚贞的信仰，如宗教信徒一般。”

……

朱自清对经亨颐校长的“人格教育”思想深以为然。“教育者和学生共在一个情之流中”，“纯洁之学生，唯纯洁之教师可以训练”。

朱自清在春晖，一反“师道尊严”的传统，要求学生克服见了老师就“矫情饰伪”的毛病，培养做人“纯正的趣味”。无论遇到什么问题，他都和学生平等地讨论。据校刊《春晖》记载，一次，有人报告学生中有几人聚赌。如此公然地违纪事件，朱自清不主张学校处理学生。他和别的教师商量后，采取的做法是：教师先找学生谈话，学生认识到错误后，就交由学生协治会处理。学生协治会是学生自己的组织，他们的处罚方式是，罚犯错误学生写大字和打扫学生宿舍卫生一个月。舍务主任匡互生则认为学生犯错与自己监管不力有关，自罚一个月薪俸并每天和学生一起做劳务。

……

当教育传达出对学生的善意、信任和关爱时，唤醒的是学生的向学之心和向善之志。

让朱自清快乐的是，当时的春晖“邀集了一批气味相投的朋友执教”。他与夏丏尊、丰子恺、朱光潜、匡互生等人志同道合，朝夕相处，友情甚笃。匡互生是湖南人，五四运动中，他冲在游行队伍的前面，是火烧赵家楼的勇士。在春晖，他任舍务主任，为人耿直热忱，深得同事和学生的爱戴。朱光潜教英文，与朱自清身材相似，性情相投，许多人以为他们是兄弟。他的第一篇美学论文《无言之美》，就是在朱自清、夏丏尊的鼓励下写成于春晖。夏丏尊一向好客，房子又比他们几个人的大一些，加之丏尊太太做得一手好菜，他们便常在夏家聚会。从学校的事情，谈到社会，谈到文艺，直谈到夕阳西下，月上东山，“天上偶见几只归鸟，我们看着它们越飞越远，直到不见为止”。“在没有月亮的夏夜，可以在田野里看到萤火虫……那是成千成百的萤火。一片儿飞出来，像金线网似的，又像要着许多火绳似的……”

……

白马湖畔的岁月，是饱经离乱之苦、最后在贫病饥饿交加中死去的朱自清先生“一生中难得的惬意时光”。

1924年深冬的一天，夏丏尊、丰子恺、朱光潜、朱自清等人先后离开了白马湖。

“人散后，一钩新月天如水。”丰子恺在春晖如诗如画的岁月留下了这幅作品，既像是写实，也像是预言，而留给后人的则是无尽的怀想和叹息。

以案说理

【案例 1】　　　　　　　分数中的减法[1]

一位教师布置学生写作文，其中有一名学生只写了 200 来个字，而且字迹潦草，错别字连篇，但是文章的构思较为新颖。按惯例，这样的作文打个 60 分也就差不多了，但是对学生肯定不会有什么触动。于是，老师给他打了这样一个分数：“95-20-15”，并在每一个分数下面分别作了解释：95 分——构思新颖，有创新精神；减 20 分——由于字数不足规定数；减 15——由于书写太潦草，还有错别字。

【案例感悟】

“摘抄这段案例的原因是因为它让我想起我小学那位仅教了我两年的语文老师，但我写不出来具体的关于他的案例。只记得在课堂上，他从不对任何学生过分批评和讽刺，让我们在接受纠正的同时不心存不满。他像案例上的这位老师，用正确的态度引导我们对待每一个正确和错误。在我心中，他一直是一位成功的教师。每年教师节我都会为他献上一束花，或是发送短信祝福。教师这个词，在我心中，由他具体化了。”这是我在齐齐哈尔大学教书时，音乐与舞蹈学院表演 105 班一名叫彭玉的女生在我留给他们的作业“寻找让你感动的教育故事”后写的一段话。她道出很多学生的心声，那就是学生对教育的认识，对教师的认同，不是建立在教科书的概念定义里，而是由和她相处的具体的某个老师那里，感受到了教师的形象。

【案例 2】　　　　　　　宽容的力量——四块糖

我国老一辈教育家陶行知先生当年任育才小学校长时，有一天，他看到学生王友用泥块砸同学，遂将其制止，并责令他放学到校长室等候。陶先生回到办公室，见王友已等在门口了。陶先生立即掏出了一块糖送给他：“这是奖励你的，因为你比我按时到了。”接着又掏出一块糖给他：“这也是奖励你的。我不让你打同学，你立即住了手，说明你很尊敬我。”王友将信将疑地接过糖果。陶先生又说：“据了解，你打同学，是因为他们欺负女生，说明你有正义感。”陶先生遂又拿出第三块糖给他。这时王友哭了：“校长，我错了。同学再不对，我也不能采取这种方式。”陶先生满意地笑了，他随即

---

① 魏薇，王红艳．中外教育经典案例评析［M］．济南：山东人民出版社，2010．

掏出第四块糖果说："你已认错，我再奖励你一块，我们的谈话也该结束了。"

【案例感悟】

"四块糖"让我们重温人师的魅力——无处不是教育的资源。那是"怀大爱心，做小事情"的大教师的情怀。他们永远会把学生置于中心，把培养学生美好的品性看作是学校生活最重要的课程。陶行知先生的成功就在于人师都怀有一颗宽容的心。教师对犯错误学生的宽容，最能引发起学生心中的愧疚感，对老师产生感激之情，真心改掉自己的毛病。人师是怀着爱心与包容心走向学生心灵的教师，也必定是最成功的教师大师。

【案例 3】 **信任无价**① 田立君

几年前买了一条新毛巾，每次洗脸后都用香皂把它搓洗干净，毛巾散发着芳香。过了一段时间，家里的抹布不能用了，毛巾就降格为抹布。因为是抹布，潜意识里也就不再对它格外重视了。数天之后，这条清新的毛巾便面目全非了。

由阳春白雪到下里巴人的过程居然可以进行得这样快，我十分惊奇，想了又想才明白：一件事物，你把它看成什么，你就会很容易用相应的态度对待它，它也就会随着你的态度，转变成相应的事物。事物的发展其实与人们对它的诱导和定位有着极其密切的关系。

一条毛巾如此，一个人呢？你总是用一种眼光看待它，不相信"士别三日，当刮目相看"，久而久之，他也就真的定位在你的"眼光"里了。

做老师的，尤其是班主任，整天和学生打交道，你的每一句话，每一个动作，甚至不经意的表情，都可能会影响或改变一个学生的命运。

1998 年 8 月，作为班主任的我负责带自费班的学生。开学初，学校召开班主任会议，反复强调因收费较多，为防假钞，今后凡收五十元、百元大钞（包括十元）一律让学生在人民币上签名，否则，后果自负。

第一次收钱，我如实传达了学校精神。当看到同学们用各种笔在纸钞上认真地写名时，心里掠过一丝阴云：在纸币上涂抹本身已属违法……尤其当学生抬起头，我的目光与他们清澈如水的眼睛对视时，倏地，脸灼热，不禁低下头，似乎怕亵渎了无邪的双眸。

---

① 中华人民共和国教育部基础教育司. 素质教育案例精选（教育类）［M］. 北京：中华工商联合出版社，2002.

我陷入了沉思：师生之间倘若缺乏起码的信任，还能谈得上什么教育呢？只有在尊重信任的氛围中，才会有人格的舒展和自律。如果在教育手段上只信强制，不信自觉；只讲惩罚，不讲引导，那么，班级的教育气氛只能是沉闷、压抑的，而不会是和谐融洽的。作为教育者，你先把学生当成了对立面——一个时时需要防范、管教的对象，他怎么能向你敞开心扉呢？的确，此种做法可以使班主任省事省心，在钱财上万无一失，但对学生身心发展却埋下了暗示：不相信自己能够诚实，你是不可信的。这种隐性的杀伤力是难以估量的。

第二次收费，我坚决拒绝在纸钞上签字。我郑重宣布了这一决定，面对学生惊诧的眼神，我缓缓道来："可以有假钞，但我相信，我们班 61 名学生在人格上绝无赝品！"并顺手在黑板上写下了三个有力大字：无赝品！热烈的掌声交织着热切的目光，教室里沸腾了。一个平时很散漫的男生忽地站起来，向我深深地鞠了一躬。我又补充道："现在假币充斥市场，也许有一天会收上来一二张，但我相信，那绝不是有意的，现在我来教同学们如何识别……"

事后，好心的同事替我捏把汗，劝我何必自讨苦吃，尤其担心我带的这个"自费"班——别人眼中的"差生连"，难免"嗑瓜子不小心嗑出个臭虫"。我理解他们的善意，但主意已定，如果真收了伪钞，我认赔。我不相信我的学生会无动于衷。要想收获真诚必先播种真诚。我坚信，即使人性中某些恶的种子在膨胀，但如果把它移植到由真诚、尊重、信任为元素的土壤中，也会抑制它的发芽、生长。有一种情感比关怀更伟大，那就是信任。

两年过去了，每次我们班的钱款从验钞机上流过，总是寂静无声。

"拒绝签名"只是班级建设的小序曲，大幕早已拉开，主角已经登场。校园里演绎的故事无不昭示：教师是学生生活中具有特殊意义的"重要他人"。教师对学生的态度不仅对学生的学习和智力发展有着重要影响，而且对学生一生个性的发展都具有潜在的、广泛的、长远的、深刻的定向作用。

【案例感悟】

师生之间就像高山与高山之间一样，你对对方的心灵高山呼唤——我信任你！对方的心灵高山的回音也是——我信任你！你把学生看成什么样的人，他也就很容易向你认为的那个方向发展。所以，做老师的，不能不谨慎处理每一件与学生有关的小事。常言道：学校无小事，处处有教育。这是我在高中做班主任时发生的一件真实的故事。2002 年 3 月，在教育部发起的全国首届“素质教育案例评选活动”中，我把这个故事写成案例《信任无价》，在全国20多个省、市、自治区应征的近4万份案例中获得一等奖中的第一名，《中国教育报》作了报道，文章入选中国轻工业出版社2002年8月出版的《素质教育案例精选》一书。

【案例4】　　　　　　　“哎呀！”①

这是一位小学校长对童年一次考试分数难忘的记忆：由于中途转学，功课落下了不少。一次数学考试后发卷子，我提心吊胆地接过来一看，非常意外，老师没有打分，只写了两个字“哎呀！”顷刻，我领会了老师的心意，老师不相信我会这样，老师是在用这样一个善意玩笑似的方式等着我的努力。我决心把落下的功课补上。果然，有一次考试我得了满分。许多年过去了，我又经历了无数次考试，见到过成百上千张试卷，但只有那份没有分数，写着“哎呀！”的试卷，成了我心中永远的珍藏。

【案例感悟】

教师不仅要走进孩子的知识世界，还要走进他们的生活世界和精神世界。只有把课上到孩子心中，对孩子心灵产生震撼作用，教学内容才能真正融化为学生素质的一部分。

【案例5】　　　　　　“大家要感谢谁呢？”②

这是于漪老师的一堂语文公开课，执教《宇宙里有些什么》。课堂上出现了出人意料的场景——于漪正讲到课文中“一千万万颗行星”时，甲同学发问：“老师，‘万万’是什么意思？”惹得全班同学哄堂大笑。甲同学猛然醒悟过来，满脸通红，头耷拉下来，垂头丧气地坐下了。于漪见状便问大家：“大家都知道‘万万’等于‘亿’，那么这里为何不用‘亿’而用‘万万’呢？”全体学生的注意力一下子被吸引过来，没有人再发笑，大家都认真地思考起来。乙同学站起来答：“大概‘万万’比‘亿’读起来更加顺口吧。”于漪表扬了乙同学，接着问：“大家还有没有不同的意见？”众生沉默不语。于漪便顺着乙同学的答案总结了一下：“是汉语言的叠词叠韵之美影

① 魏薇，王红艳．中外教育经典案例评析［M］．济南：山东人民出版社，2010．

② 高建国．课堂有效提问技巧谈［J］．文学教育．2009（4）．

响了此处的用词。”接着，于漪又问了一句：“那么请大家想想，今天这一额外的课堂‘收入’是怎么来的呢？大家要感谢谁呢？请让我们用掌声表达对他的谢意。”大家的目光一齐射向甲同学，对他鼓起掌来。此时，甲同学又抬起了头，有了自信，不再垂头丧气了。

【案例感悟】

汉代韩婴在《韩诗外传》中说：什么人才能够做人师呢？做人的老师，他必须具备这样的条件，就是“智如泉涌，行可以为表仪者”。“智如泉涌”，就是你的智慧要像泉水一样喷涌而出；“行可以为表仪”，就是你的思想言行能够做别人的榜样。这个教学案例在上海许多青年教师中广为流传。面对突发事件时的高超教学技术素质，加上一颗包容学生的大爱之心，使一个小小的细节显示出了人师真风范、学者大气度、师德高水平。

2. 以书为本与以人为本

题记："以人为本"——以人为根本，以人为资本。刘备曾言"夫济大事，必以人为本"。

"我山之石"

我至今不能忘记这么一个镜头：

一个七岁的小男孩在做高空翻的杂技表演时，一不小心牵引他的绳索脱落，小男孩从高空中坠下，停了大约几分钟，小男孩又站起来，带伤挣扎着做完了后面的动作。这时，全场爆发出热烈的掌声。让人没想到的是，这时一个老外忽地站起来，激动地大声喊"这是不可以的！这是不应该赞赏的！因为他还是个孩子！他已受到了惊吓！在这种情况下孩子还继续表演，这样的勇敢是不应鼓励的！他还是个孩子，大人应该保护他！给孩子鼓掌是不人道的！"如果让我阐释什么是以人为本，我不想把哲学、教育学中的概念搬上来，再复述一遍。我想这个镜头中的老外让解释不了这个术语定义的人也能明白其根本的含义。以人为本是在生活的时时处处都不忘人是目的，其他都是手段，是工具。我很感慨杭州二中校长叶翠微对以人为本的解读，他说学校教育因人而"生"，因为人始终是学校存在的目的；学校教育因人而"盛"，因为人始终是学校昌盛的目的；学校教育因人而"胜"，因为人始终是学校胜利的目的。

以人为本就是"目中有人"，一是眼里有学生，明了学生的需求，重视学生的个性差异，能因材施教。二是眼里有未成年的学生，即不能用成人的眼光衡量学生，不能把成人的标准强加给学生。三是眼里有不完美的学生，即要以平和的心态看待学生，不能对学生过分求全责备。

以人为本就是要尊重学生个体差异（允许异类，允许不同，给"另类"的成长以同样的天空），发展学生个性特长，挖掘学生潜能（但不过劲儿），鼓励学生冒尖；扩大学生学习的自主权，增加选择性（有选择才会有自由，有自由才会有创造）；倡导教学相长，实现师生共同发展。

以人为本就是不唯上，不唯书，只唯实，这个"实"就是学生的实情，学生成长过程中不能回避的现实问题，以人为本就是教师的目光首先对准的是一个个具体的心灵而不只是具体的教学方式和技巧手段。充满理解人、尊重人、相信人、关心人的教育，就是以人为本的教育，就是人道主义的教育。

“他山之玉”

我的教育信条[①] 杭州二中校长 叶翠微

我是一个世俗之人，面对上苍将一批一批人的精灵——我们的学生——托付给我时，我总有一种忐忑：他们快乐吗？他们自由吗？他们健康吗？我不知道。于是乎我选择了“让学生像‘人’”的教育主张。

围绕这一主张，我劳筋骨，苦心智，自编自导了“三部曲”：

——“把学生当人”。这是一校之长的天德之使然。其主旋律有三：尊重学生的天性，让他们享受童趣，享受好奇，享受游戏。席勒有言：“只有当人充分是人的时候，他才游戏；只有当人游戏的时候，他才完全是人”；鼓励特立独行，让他们敢想，敢闯，敢试，保持一股“牛犊劲”；允许学生犯错误，学生往往因错误而可爱，让“错误”化作师生共同成长的资源。总之，此曲之要义是让学生有尊严。

——“使学生做人”。学习即生活，生活即学习，为学生创造丰富的学习场，让学生的身体与心志、学习与进步、行为与习惯浑然一体。比如，一月一主题的校园活动节，一年一度的社会实践，每届高三的校外拓展训练等等。究其用心，不外乎是将学生有效地融入校园生活、社区生活和家庭生活之中，形成学习、生活、情感、发展等成长因子的长效建构。很显然，这一曲的要义是“行动对行动”。

——“让学生成人”。这是教育工作者的终极追求。孔子曰：“君子成人之美。”其核心价值的现代表达应是培养学生的独立精神、创新精神，以及开发学生的卓越潜质。在二中八年，我提出“高境界做人，高水平学习，高品质生活”，试图作出这样一种回应；继而从这种回应中，不妨“文明其精神，野蛮其体魄”，不妨“思想解放，行为规范”，不妨“海阔天作岸，山高我为峰”；进而升华到“二中人”的基因图谱：卓越的二中人、杰出的中国人、优秀的世界人。

莎士比亚说：“人是一件多么了不起的杰作！在理性上多么高贵！在才能上多么无限！在行动上多么像天师！在智慧上多么像天神！宇宙的精华！

---

① 叶翠微. 我的教育信条 [J]. 教育周刊，2007 (12).

万物的灵长！”我愿我的学生个个如此，也该如此。

让学生像“人”，一个堂堂正正的人，一个大写的人！

这些也许是一个梦语，抑或是一种希冀，好在我有一个团队，我们正年复一年地走来。

【案例感悟】

“思路决定出路”。领导学校，首先是教育思想上的领导，其次才是行政上的领导。杭州二中校长叶翠微的教育信条让我体会到校长的思想往往就是一所学校的灵魂。先进的教育理念是做好校长工作的基本前提。观念前进一小步，工作领先一大步。从本质意义上讲，学校不仅是传承知识的场所，更是培养学生精神气质的圣地。走进校园不是为了走进一条专业知识的胡同，而是走向一个追求真、善、美的广阔原野。真正的校园应充满了生机与活力，这生机与活力来自一种与近代以来人类主流文明相接轨的开放的教育理念，来自校长、老师对教育的神圣使命感和责任感，以及他们对学生发自内心的关爱，更来自学生学习、实践、创造的自由与欢乐。而这一切需要校长的引领。

以案说理

【案例1】　“让一个有缺点的人走在校园里，天不会塌下来。”①

2000年，杭州二中从老城区迁到郊区，由于路远，许多老师上班花在路上的时间增加了一两个小时。有些老师就在没有课的时候迟到一点，或早点回去。有人向校长叶翠微建议：买一个打卡机放在校门口，谁何时来、何时走就能一目了然。这个建议被校长叶翠微当场否决。他说：“打卡机实行的是工业文明下把人当作物的管理，而不是对人的管理。”“当一个老师带着紧张的情绪走进课堂，他还能灵动吗？还能平和吗？还能有愉悦的情感吗？要让老师在课堂上展示他最民主、最平和、最能让学生接受的一面，就必须让他平静下来，放松下来。”“校园是人的校园。人要有自由和尊严，他才能有一个平和的心态，才能乐于做他的工作。”“让一个有缺点的人走在校园里，天不会塌下来。”叶翠微说，如果一个学校的老师被管得战战兢兢，生活得不够优雅、从容，这个学校就没有足够的魅力。在他看来，小节问题不

---

① 刘群．以大气成就大器：记浙江省杭州第二中学校长叶翠微及其办学实践［J］．人民教育，2008（10）．

是老师们的核心形态，他们的核心形态只表现在课堂上，只要他有独特的方式让学生喜欢，有深厚的学识让学生佩服，那就足够了。像很多校长一样，叶翠微也喜欢听课。不过老师们都知道，在课堂上出点小错，甚至出点结巴、卡壳之类的洋相，校长是不会在乎的。他唯一在乎的是，教师是否有效调动了学生的思维，是否使学生的认知状态、心智状态发生了真实的变化。“我永远只看主流。”叶翠微说。校长的大度和大气，让老师们有安全感，更让老师们感受到自由的愉悦。他们想说就说，想干就干，自信从容，神采飞扬。

【案例感悟】

我想以人为本侧重点虽在学生，但根源还是教师，没有以教师为本的思想，以学生为本也就成了空对空。以人为本就是让“老师们拥有自己的精神自由和职业尊严”。这就需要学校的管理者有包容的情怀和海纳百川的气魄，像案例中的杭州二中校长叶翠微那样，如同中央电视台的广告语的后半句“做人要大气”。

【案例2】　看《资本论》的“另类生”①

在杭州二中赵岚老师班里，就有一个很特别的学生。这个学生的学习成绩很不好。他上课从来不听讲，常常打瞌睡。晚自习时别人都在复习功课，他却总是埋头看课外书。他在看什么呢，有一次赵岚凑近一瞧，竟然是《资本论》！学生的妈妈对赵岚说，儿子是个“另类”，对历史和经济学很感兴趣。他经常半夜起来，在院子里对着星星发呆，像是在思考什么。而同学们则反映，他知识渊博，幽默风趣，能打一手漂亮的网球，号称“酷哥”。大家都喜欢跟他做朋友。真是个奇怪的学生！他不是不爱读书，只是不爱读那些不感兴趣的书；不是不爱思考，只是不愿去思考那些不感兴趣的问题。“在我以前工作的学校，这样的学生属于严重的‘问题学生’，会被打入另册。调入杭州二中之后，我的观念改变了很多，我感觉自己能理解他。”赵岚说。“终究来讲，还是要以人为本，人的成长是最重要的。只要他身体健康、对生活充满激情，只要他有自己的兴趣特长，到了社会上就一定能成人。”“学习成绩没有那么重要，说明不了太多。很多有成就的人，在学校里成绩也不好。”在课堂上，赵岚允许他做自己的事，还给他推荐了一些有价

① 刘群．以大气成就大器：记浙江省杭州第二中学校长叶翠微及其办学实践［J］．人民教育，2008（10）．

值的书。她去做其他老师的工作，让他们不要过度干涉他。她与快急疯了的家长沟通，让他们不要放弃孩子，要顺应他的发展方向。赵岚相信，学生在他所感兴趣的领域，一定能学好。果然，学生没有辜负她的期望。现在他在加拿大读书，发展得非常好。他的奋斗目标，是进入一所著名大学读经济学。“为什么一定要他的分数呢？在分数之外有更值得重视的东西。”赵岚说，在任何学校、任何班级，总是有一些学习成绩落后的“个性”学生。在杭州二中。他们有一个更宽广的自主发展空间。他们与其他的学生一样，有阳光、自信的青春面庞，有一样活跃的身影，一样健康的心灵。

【案例感悟】

在任何学校、任何班级，总是有一些学习成绩落后的“个性”学生。可是他们就很少有这样的幸运啊！我想起妹妹讲过的她的同事的儿子在高中读书时和老师发生的多次冲突，竟源于他在语文课上不听老师的分析，而自己看《鲁迅文集》，遭到教师的多次责难，说他是目中无人，不自量力。这个很有思想，成绩也不错的男孩，后来在整个的高三阶段放弃了语文课。每个人都有他独特的成长方式，有他独特的发展过程，高中阶段的学生有无限的发展可能，每一种可能，都应该受到尊重。特别是，当学生偏离了师长事先设计好的路线，就更需要教育者的理解和包容、转化的办法和促进的方略，而不是简单的武断与言语的冷暴力。

【案例 3】　　　　　　放弃国家集训队①

这天傍晚，杭州二中高二学生章斐然苦恼地坐在生物实验室里。自从他获得全国化学、生物奥林匹克竞赛两个一等奖并入选生物竞赛国家集训队后，清华、北大就敞开了怀抱，向他发出提前保送的邀请。这本是一件令人无比喜悦的好事，章斐然为什么会苦恼呢？

原来，提前保送无疑会使他无缘参加国际比赛。在他看来，自己是二中培养的，竞赛辅导老师在他身上倾注了大量的心血，学校还专门为他们请了大学教授来辅导，去大学实验室里做实验……没有二中就没有他今日的辉煌。章斐然深深地知道，获得国际比赛奖牌对于二中是多么重要！学校会同意自己保送，与金牌失之交臂吗？可是他又多么想早一天进入自己喜爱的大学，早一天开始自己热爱的学习啊。

---

① 刘群．以大气成就大器：记浙江省杭州第二中学校长叶翠微及其办学实践［J］．人民教育．2008（10）．

晚自修开始了，章斐然独自拿着一本厚厚的大学三年级的《植物生理学》，在生物实验室里津津有味地埋头其中，全然未察觉走廊上的脚步声，直至叶翠微校长说话，他才抬起头来。原来校长今天值班，发现实验室有灯光，就走了过来。叶校长注意到章斐然手上的《植物生理学》，很有些诧异（校长大学是学生物的）："你看得懂吗？"在得到了肯定的答复后，又问："你喜欢生物吗？"他再次得到了肯定的答复。于是两人交谈起来……

这回是校长陷入了沉思。无疑，多留章斐然一年，二中必将获得更大的荣誉，但提前保送将使这位才华横溢的学生赢得一年的个人发展的宝贵时间，鱼与熊掌不可兼得。二中的办学理念始终看重的是学生的发展，陷入功利的怪圈不是二中的风格。校长临走时，说了一句："让你父母明天到学校来一趟，我要和他们谈谈。"

章斐然就这样以一个高二学生的身份进入了无数学子向往的清华大学，并以年年系里前两名的成绩向母校汇报；大学四年级时，他申请到美国5所著名大学的全额奖学金，最后选择了美国约翰霍普金斯医学院攻读博士学位。

【案例感悟】

以学生的需求为根本，放弃既得利益也在所不惜，叶翠微校长的决定让我们读懂了经常挂在嘴边却很难理解落实到位的"以人为本"的含义。能做到"以人为本"需要有高远的境界和由此而来的开阔的胸襟与气魄。

【案例4】　　口吃的男孩①

上海七宝中学青年教师王红在一次作文讲评课上，让一个男生上讲台朗诵，后果是这位略有口吃的学生遭到同学哄笑。王教师将这件事写了这样一篇案例：

台下的同学们紧紧凝视着他，课堂里死寂一片。缄默中，我忽然从懊悔自责中省悟：初为人师的我不是也有过临场时的恐惧和冷场时不知所措的为难吗？但是是自信打败了这一切。有时候，一次小小的成功能够激活一团体潜在的宏大的自信，可一次难忘的失败往往可以摧毁一团体仅有的一点自信。眼前的这个男生难道会堕入后一种情形吗？不，决不能。我终于浅笑着启齿了："既然他不太习惯在众目睽睽之下说话，那索性我们大家都趴在桌

① 王红．走近语文教学的艺术殿堂［J］．上海教育科研，1999（6）．

上，不看，只用耳朵听吧!”我带头走到教室后，背对讲台站定，同窗们也纷纷趴在桌上。终于，我的面前传来了轻巧的羞怯的声响。那确实是篇好作文，写的是他和父亲间的故事。由于动情的缘故，我听到的声音渐渐响了起来，进展也快多了，有的地方甚至可以说是声情并茂了，我晓得他已渐渐进入了状态，涌上心头的阵阵窃喜使我禁不住悄然回头看看他。我居然发现台下早已有不少学生抬起头，默默地赞许地凝视着他。朗诵完毕后，教室里响起一阵热烈的掌声。我晓得这掌声不只是给予这篇作文的。

【案例感悟】

有口吃的孩子说不出话了，普通好教师的处置办法是：“没关系，你先下去，再好好预备一下，下次还有机会。”但王教师有另一种视角，一种新的境界。这么处置这种局面，化解为难的处境，使学生终身难忘。要做到这一点，关键是在教学过程中，考虑的角度是以我原来设计好的教学进程为主呢，还是以学生为本去思索。教师的理念决定了他的教学行为。站在学生的角度，为学生的后续成长负责，以学生所需为出发点就会有不一样的选择。这就是以人为本在课堂中的具体体现——尊重人。尊重的含义包括关注、认同、支持与鼓励。教师从别处（校长、同事、家人、社会）得到了尊重，也就懂得了如何去尊重学生——学生就是在这个氛围中懂得尊重的含义并由自己再传递给他人，良性循环，形成我们这个社会的根基。

【案例 5】　　　　铭记你的宽容①

《中国教育报》上曾经登过这样一则故事。一个小女孩在放学后偶然发现老师手拿明天的考试卷走进办公室，女孩为了取得好成绩，突发奇想，在老师走后，从窗户跳进去偷看试卷。可是她跳窗户的声音惊动了楼下的美术老师。小姑娘听见脚步声越来越近，害怕得缩在桌子底下。桌子正对着门，她听见门开了，看到了老师的脚。她害怕极了，也后悔极了！但她没有勇气从桌子底下钻出来，因为承担“偷卷子”的责任太重了，也太丢人了。然而，事情并非像她想象的那样，老师没有走进办公室，只是站在门口说：“你不要露脸，也不用说话，你回答我的问题只需摇头或点头就行了。”小姑娘点点头。

“你在这个学校读书吗?”小姑娘点头。

① 教育部师范教育司．刘可钦与主体教育［M］．北京：北京师范大学出版社，2006.

"你来找一件对你很重要的东西，是吗？"小姑娘点点头。

"这个东西属于你吗？"小姑娘摇头。

"不属于我们的东西，不管它的价值如何，我们都不应该拿，对不对？"小姑娘点点头。

"记住我的话，走吧。明天你上学的时候，你依然是个天真可爱的小姑娘。"

【案例感悟】

"《中国教育报》曾刊登了一篇文章，名字是《铭记你的宽容》，它如此地打动我，每次的阅读都给我的教育生活带来一种震撼。文中老师的教育智谋如此精妙而动人。而他的宽容，又让文中那位无助的小姑娘的尊严立于天地之间。"这是刘可钦老师对此案例的感受，也同样道出了我的心声——"以人为本"就是保护她的尊严以唤醒她的自励。

多么善良的老师，多么宽广的胸襟！这位老师用自己的宽容与爱，保护了孩子的自尊，保全了她的尊严，唤醒了她的自励。这是多么精妙的教育智慧，多么高明的教育方法。

而我们生活中的许多老师却只会用开篇所写的那种方法来解决问题。面对那种场面，老师尴尬，家长气愤，孩子恐惧伤心。每个人都失去了尊严。这只能说明我们教育者的无能，教育智慧的严重缺失。更深层地讲，也折射出我们老师对孩子尊严的一种蔑视！苏霍姆林斯基说过："保护学生幼小的心灵要像对待荷叶上的露珠一样小心翼翼。"教师要努力改变自己，开阔胸襟，解放思想，拓展眼界，珍视生命，以人为本，从多角度去看待事物，用一颗宽容的心去容纳孩子的一切，包括愚蠢的错误。引领不同个性的孩子都能从成功走向成功，从失败走向成功。

【案例 6】　　一个耳光①

在小学时，语文老师留下中午的作业，下午要收上来。一位男生做完作业之后，下午由于马上要迟到了，忘了带作业本，被语文老师叫到了办公室。男生把事情如实地陈述了一遍，但是老师不相信他说的话，当即在男生的脸上给了一个响亮的耳光。后来男生当即连课都不上了，回家取作业本，交到老师的手中时，老师居然无所谓地说，"早这么着不就得了！"从此男生

---

① 齐齐哈尔大学艺术学院学生作业案例。

的语文成绩从名列前茅下滑到班级的中下等！

无独有偶，这个遭遇《一个耳光》的学生在初中时遇到了一位历史老师，从此改变了他的命运，这就是案例《永远不能成为历史的历史》：

在初中的时候，有一位非常好的历史老师，在课堂上经常让一位上课爱搞小动作的男生回答问题。这位男生对历史非常感兴趣，在历史课上，男生发现自己很有自信心，从此爱上历史课。在历史课上没有悄悄话，没有小动作，只有专心致志听讲，记笔记，踊跃的发言！

【案例感悟】

这是齐齐哈尔大学艺术学院表演班一名大一的男生给我讲述的真实的故事，两个故事中的男生就是他本人。同样的一个人，不同的老师面对学生问题的不同处理方式带来的是迥然不同的效果。以学生为本就是信任学生，相信学生的无限可能，以适宜的方式激励和鼓舞学生，提出具体的改进措施，而不是一味挖苦打击。

【案例 7】　　这真是“不明智之举”吗？①　　陈　静

在一次区级公开课上，为了得到比例的基本性质（如果 a，b，c 都不为零，且 $ad=bc$，那么 $a:b=c:d$ 或 $a/b=c/d$），老师设计了问题：试根据 $2\times6=3\times4$，将 2，3，4，6 组成的比例写出来。学生合作探讨，得出了一些答案：$2:3=4:6$，$2:4=3:6$，$6:3=4:2$，$6:4=3:2$，$3:2=6:4$，$3:6=2:4$，$4:2=6:3$，$4:6=2:3$，此时只要引导学生观察数字特点，共同分析得出“由内项积等于外项积可以得到比例式”的结论，教学内容就完成了。但一个学生举手了：老师，这些答案不对的！你觉得哪里有问题？老师笑着问（其实这些答案是完全正确的）。$2:3=4:6$ 与 $4:6=2:3$ 是重复的，它们只是等号左右两边的式子换了一下位置而已。她的话音刚落，学生们一下炸开了锅，是的，这八个式子中有好几个重复了……我一下子愣了，这是我教书几年从来没遇到过的问题。这个老师会怎样回答呢？在我的疑虑中，老师继续讲了：请问 $2:3=4:6$ 与 $4:6=2:3$ 这两个比例式中的第一，第二，第三，第四比例项分别是什么？……她让学生仔细观察了这两个式子的特点，通过比较 $a:b$ 与 $b:a$ 的不同，用类比的方法，得出

① 王翔．关注细节：青年教师教育叙事一百例［M］．上海：学林出版社，2008．

$a:b=c:d$ 与 $c:d=a:b$ 的不同，学生们恍然大悟，但课却不得不在铃声中匆匆地结束了。

课后老师们议论纷纷，有的说这课前面都很好，如果后面不解释那个问题教学内容就可以完成，就是一节很好的公开课了，有的说这个老师不该在这个问题上让学生发表那么多意见，导致教学内容没有圆满完成，真不明智……

老师们的话让我陷入了沉思，不及时解释学生提出的问题，而按时完成教学内容真的是“明智之举”吗？

新课程标准指出，课堂上要关注学生的学习过程，即学生提出问题，分析解决问题的过程。这一过程并不是单纯地教授数学知识，而是学生对问题的质疑，分析，解决能力的培养，是学生智力，分析综合能力，学习再创造等不可缺少的过程。学生在新旧问题的提出和解决中成长，才是我们教师教书育人的最终目的。

【案例感悟】

上述教学片断中，教师在碰到学生的疑惑和需要时，没有按部就班地按预先设计进行教学，而是充分关注学生的发展，给学生进行质疑，讨论，思考的时间和空间，为学生提供反省活动的机会，并从学生身上获取信息，及时调整原有的教学思路，积极解决学生在旧问题中存在的偏差，解决学生在自主学习中产生的问题，激发学生探究问题的兴趣，从而让学生能更好地去学习和掌握新知识，从根本上促进学生的发展，充分体现了以学生为本，学生是教学活动的主体地位。这个老师看似“不明之举”，其实恰恰是“大智若愚”的表现。我们在教学过程中也要充分关注学生，千万不要“捡了芝麻，丢了西瓜”。有感于当前公开课上课和评课的形式主义，教学的目的不是从学生出发，而是表演的情形非常严重，背离了以人为本的精神实质，是有效教学的大忌。

【案例8】　　选举“坏孩子”[①]　蔡桂萍

曾经我的邻居家长在星期一发现儿子上学时磨磨蹭蹭，追问是怎么回事，孩子犹豫了半天才道出实情。原来在上个星期二早上，班主任老师召开

① bzr. teacherclub. com. cn/dts/publichomework. 知行中国培训—中国教师研修网。

全班同学会议，用无记名的方式评选 3 名“坏学生”，因有两名同学在最近违反了学校纪律，无可争议地成了“坏学生”；而经过一番评选，第三个“坏学生”的帽子便落在了儿子的头上。这个 9 岁的小男孩，居然被同学选出了 18 条“罪状”。一个下午，二年级年级组长召集评选出来的“坏学生”开会，对这三个孩子进行批评和警告，要求他们写一份检查，将自己干的坏事都写出来，让家长签字，星期一交到年级组长手中。

该家长当着孩子的面，没有表示什么，签了字便打发孩子去上学。随后，她打通了班主任的电话，询问到底是怎么回事。班主任说：“你的孩子是班上最坏的孩子，这是同学们用无记名投票的方式选出来的。”当她质疑这种方法挫伤了孩子的自尊心时，老师却回答：“自尊心是自己树立的，不是别人给的。”并不认为有什么不对，其目的也是为了孩子好。自从这个 9 岁的孩子被评选为“坏学生”后，他上学放学时路过我家门口情绪一直非常低落，总是想法设法找借口逃学。

我听在耳里，看在眼里，同情孩子可怜家长。只有 9 岁的孩子知道究竟什么是“坏”吗？他们一切还在懵懂之中，就被人操纵地选举成“最坏的孩子”了；只有 9 岁的孩子理解真正的坏是怎么回事吗？他们还在似懂非懂之中，就有人指挥着他们“民主选举”了。

事后，我问过那孩子的 18 条“罪状”：(1) 有时候打人，做作业要玩；(2) 字写得不端正，睡觉要玩橡皮泥；(3) 乱扔纸屑，不讲卫生；(4) 经常做作业没完成就去玩；(5) 上课不专心，听课开小差；(6) 小气，不肯借东西给同学；(7) 上课经常受到教师批评；(8) 不让同学亲近老师；(9) 做早操经常被体育委员拉出队伍；(10) 上音乐课经常捣乱；(11) 上课不举手发言；(12) 回答问题声音很轻，大家听不到；(13) 上体育课讲话，不听老师的话；(14) 眼保健操经常让我班扣分；(15) 打开水经常不排队；(16) 吹牛自己的本事大；(17) 喝水时把水泼在同学身上；(18) 做口算最慢……

细看这孩子的“18 条罪状”，并不是什么罪不可恕的滔天罪行，某些“罪状”或许是孩子的一种天性，在孩子身上都具有普遍性。但孩子看到自己的若干“罪状”，内心则充满自卑，甚至会自暴自弃。教师凭借他说一不二的权威，利用孩子的纯洁和幼稚做了一件极其不负责任的事，它不仅严重摧毁一个孩子娇嫩的心灵，也破坏和剥夺了孩子交友的环境！我们的教育存在着令人心痛的误区。

【案例感悟】

看到这个真实的故事，我半晌无语！案例中的老师如此背离“以人为本”的宗旨，如此残忍却不以为然地伤害学生幼小无助的心灵，其行为是难以容忍的！是极其不人道的！教师只有“把学生当人”才会“使学生做人”，最终让“让学生成人”。所以我说落实“以人为本”关键在教师，无须强调更多的理论，重要的一点是教师首先是个好人，一个心地纯正、宅心仁厚、心态健康的人，在这个基础上才谈得上教育教学的“以人为本”。

我们天天和学生在一起，可脑子里怎么看待学生的？是一群无知的小孩任人随意摆布，是一个容器等你灌输，还是有见解、有个性、有丰富情感的活泼好动对世界充满好奇的小主人？可是在不少教师的观念深处，喜欢和欣赏“小绵羊”式的“乖孩子”，对儿童天性中的生机与活力大加抑制甚至视为“异端”行为。如果要求学生主动发展，但又不允许他们出现错误，动辄威胁或体罚，那么创新意识就会被消灭在小学的课堂中。培养创新精神和能力，需要自由探讨、平等协作的民主氛围，需要教育过程真正的民主化。诺贝尔奖为什么至今与我们无缘，大概和选举“坏孩子”的土壤不无瓜葛！

3. 全面发展与个性发展

发展就其主体而言，有学生发展和教师发展。新课程背景下强调课堂教学有效性，不仅仅要让学生学到有利于自己发展的知识、技能，获得影响今后发展的价值观念和学习方法，而且要注意让教师在课堂里拥有创设的主动权，能充分根据自己的个性、学生与社会发展的需求，来发展自己的教学个性，这正是新课程背景下课堂教学有效性的必要保障。

“我山之石”

全面发展打基础，个性发展是关键

为什么翻开中国各类教科书、教辅书、指导手册等，多有千人一面、万人同语之感？语言没有个性是因为思想单调乏味，或者说根本没什么独立的见解，言说的就不可能是带着自己体温的话语。教师如果没有独立思考的意识，敢想敢为的精神，只是在理论上阐述全面发展与个性发展的内涵与关系是毫无意义的。思想要冲破牢笼，教师要发出自己的声音。现在常说要解放思想，问题是解放思想的前提是先得有思想。要使学生做到全面发展与个性发展和谐统一，就要鼓励教师形成自己的教学风格，保护有思想、有个性的教师；鼓励学生用自己的风格学习的前提，是教师教学有自己独到风格并充分了解学生的学习风格，这是理解全面发展与个性发展的基础，否则“全面发展打基础，个性发展是关键”就是无源之水，无本之木。

让每个学生德、智、体、美诸方面素质获得和谐发展是全面发展的内涵。研读《素质教育实施纲要》，明确我国教育方针所指的全面发展，是使学生各方面素质都获得正常、健全、和谐的发展，学生的脑力与体力、做人与做事、继承与创新、学习与实践同样不可偏废。全面发展并不等于平均发展，更不等于学生学习成绩门门优秀。学有所长，业有所专是未来社会发展的需要。因为“人无全才，如果只限于、忙于‘补短’，则必然没有时间和精力去‘扬长’。‘全面发展’、‘平等对待’不等于‘统一规格’、‘平均发展’，求全责备有可能导致平庸。”① 人无全才，“合格加特长”就是有用之

---

① 中华人民共和国教育部《素质教育观念学习提要》编写组．素质教育观念学习提要［M］．北京：生活·读书·新知三联书店，2001.

才；承认差异，扬长避短，人人都会展现出独特的才华。

能够促进学生个性健康发展的教育，才是充满生机与活力的教育。马克思主义学说中的一个重要观点就是“让每个人的个性得到充分自由的发展”。以往课堂中“满堂灌”、“注入式”、“填鸭式”的教学，造成学生不会思考、懒于动脑，学生的大脑成为教师添加知识的容器而不是随时随地都可能被点燃的火种。教师往往越俎代庖，简单地将自己的理解强加给学生。那种“一讲到底”、以“告诉”为主的教学方式，剥夺了学生思考、选择和尝试的权利，剥夺学生自主参与的机会，也就扼杀了学生发展个性、完善自我的生机与活力。创造能力的发挥和培养也就成了一句空话。在某些老师眼中，只有“听话”的规规矩矩的学生才是好学生；那些爱问好动、遇事总爱问个“为什么”的孩子有时甚至会受到斥责和冷落。可以想象，如果爱因斯坦和爱迪生的童年在中国的某些课堂中生活，还会不会有那么多的影响世界的科学发现与改变生活的重大发明。一位德国教育官员说过这样一句刺痛人心但不乏引起我们深思的话：“你们学生的书比我们厚，考试成绩比我们好，但你们还要买我们的技术、我们的产品。”为什么会是这样的结局？是中国的学生笨吗？答案是否定的。教育不能促进每个学生的个性得到充分自由的发展，把本应生动活泼的课堂变得死气沉沉，原来充满想象和创造热望的儿童变得墨守成规、孤陋寡闻，这就是疑问的症结之一。

没有个性的充分发展，创造性的培养就失去了根基。因为人的价值就在于其独特性、不可替代性和不可重复性。“万山不许一溪奔”的千人一面的教育模式不知扼杀了多少具有创造禀赋的天才。每一个儿童都是一个独特的生命，每一个生命都有自己独特的价值。教师的责任和使命就是要有一双慧眼，用心灵读懂儿童的内心世界，体会他们情感的丰富性、主动性和情绪的多变性，尊重他们感受、体验，走近学生心灵深处，在他们成长的每一个阶段，适时地提供援助、扶助，让学生在取得成绩的喜悦和对失败的反思中重新发现自己、肯定自己。

成功的教育是能使学生生动活泼主动发展的教育。“成长无法替代，发展必须主动”，心理学告诉我们：人的素质形成必须经过一个内化的过程，即教育的内容、要求、影响，只有经过学生主动的吸收、转化、积淀，才能逐步内化为稳定素质。培养健全人格，保护学生个性的前提，是促进学生自身积极主动的发展。发展心理学告诉我们，素质的形成是一个持续不断的内化过程，内化的不可替代性，决定了教育活动必须充分发挥学生的主体性。“不要把学生当成等你灌充的空瓶，把他们看成等你点燃的蜡烛。”教师的责任就是点燃火把，让它燃烧。“学生应该是能发光的灯，而不是存储燃料的瓶”。教师不应该做学生思维的“管家婆”，而应该是他们成长的动力工程师，不包办、不替代，要让知识成为学生自己思考的果实，否则，学生在课堂上依然是“傀儡”的角色。创造力的培养不是一句空话，它与个性的充分舒展紧密相连，教学重要的是给学生提供独立思考的全过程。

“对于大多数学生来说，长大了成为普通的人居多，因此，老师不必刻意去追求要使学生怎么发展，而必须遵循人才成长规律，是小草就让它装饰大地，是参天大树就让它成栋梁之才。”美国教育家门肯的育人观值得我们深思。

“他山之玉”

对于教育制度，有同学说：有时觉得，千万学生都像被囚禁在玻璃器皿中的安静的孩子。我们没有太多的余地转身，只能默默接受属于我们的越来越稀少的自由气息。出口在哪里，我们心里没底，四周都是看不见但摸得着的铜墙铁壁。可当我们从梦想的执念中探出头来，学会迎合这个世界欲求的目光时，是真的成长，还是内心的退化和损坏？

——王小妮，《“吃货”的青春》《南方周末》，2012 年 5 月 28 日

1. “理想的教学是扩大学生间的差异”①

在学生发展问题上，小学数学特级教师贲友林认为，让学生在各自原有的基础上得到尽可能大的发展。如，对学生的“两极分化”问题，我们总是视之为教学中的消极现象，是应当避免和克服的。而他认为，数学不是为了缩小乃至消灭差异，在某种意义上，理想的教学是扩大学生间的差异。在教学中，如果我们无视学生之间客观存在的差异，用一种统一的模式去限制原本是丰富多彩、各具特点的个体发展，将不同的学生用同一模式、同一目标塑造成同一规格、同一类型的“产品”，教学活动也就导致了对某种个体学生的不公平和不公正，这是与现代教学的基本精神相背离的。教学应促进每位学生在各自原有的基础上得到尽可能大的发展。学生都在“向前走”，但不是“齐步走”，而是各自以自己的“节奏”与“速度”在原有的起点上向前走——在一个班级中，一部分学生往往会走得快些，一部分学生则会走得慢一些。教师所要做的，是让能“走五步”的学生不是机械地和全班其他学生一起“走三步”。学生能走多远，我们就应让他们走多远。也就是说，保

---

① 华应龙．做一个优秀的小学数学教师教育［M］．北京：科学出版社，2011．

证全体学生“下保底”——所有学生都达到课程标准所规定的发展目标；“上不封顶”——学生可以并且应该获得各自最大限度的发展，实现“个体的自由充分发展”。就此，我想起了苏霍姆林斯基的一段告诫——学习上的成就本身就是一种相对的东西。对一个学生来说，“五分”是取得成就的标志，而对另一个学生来说，“三分”就是了不起的成就。我认为，这样的发展格局，正体现了和谐之美。和谐是什么？就是对多样性的一种宽容、一种融入。

2. 透视“韩寒现象”：全面发展还是个性发展①

上海松江二中的高中生韩寒是一个小有成就的文学少年，然而他的其他课程几乎都不及格。他毅然退学，专心写作，引发了社会对所谓“韩寒现象”的讨论。多数教育者都认为，中学教育毕竟是一种基础教育，韩寒如能完成高中学业，再发展自己的特长似更为合理。的确，一般而言是这样的。然而，换一个角度，如果韩寒是一个足球天才、优秀的琴童或杂技演员，那么哪怕他小学没毕业就发展自己的专长，恐怕也不会引起人们议论，因为这正是普遍的社会现实。这一现象是十分耐人寻味的。“韩寒现象”所凸显的，是学校教育中全面发展的目标和统一标准与学生的个性、兴趣爱好、特长之间的激烈冲突。大规模培养学生的现代学校教育，必须建立相应的制度、规范、培养目标、质量标准；然而，学生是活的，世界上没有一个相同的人。因而，重视学生的个体差异，“因材施教”也成为教育的另一个重要原则。这正是学校教育与工业生产最大的区别之一。我们的学校教育无疑应当更为灵活、开放和多样化，以适应不同学生的不同需要。

“韩寒现象”促使我们深思：为什么我们迫切呼唤“创造型人才”，而有个性的、才华横溢的人才仍然十分稀少？为什么我们“减负”减了几十年，而学生的课业负担反而越来越重？这是不是与我们的教育方针有关？究竟应当提倡“全面发展”还是鼓励“个性发展”？对此，人们早有疑虑和反思，在20世纪50年代和80年代，教育界曾两次就“全面发展”方针展开过讨论。1955，1956年的讨论，认为学校教育中存在将“全面发展”误解为“平均发展”的问题。“平均发展”的要求和片面强调集体，妨害了学生的个性发展。当时的中宣部部长陆定一在批评学习苏联过程中照搬苏联经验的问题时，也提出对“全面发展”的口号要研究，建议提“全面发展、因材施教相结合”。80年代的讨论集中在学理的层面，认为马克思主义“人的全面发

---

① 杨东平. 透视“韩寒现象”：全面发展还是个性发展 [N]. 中国青年报，2000-07-05.

展”学说并非纯粹教育理论，马克思主义经典中经常使用的人的“全面发展”、“自由发展”、“充分发展”、“和谐发展”等各有不同的含义；也有人认为“和谐发展”的提法比“全面发展”更为可取。的确，将“全面发展”这样一个极其美好的最高理想、终极目标作为指导学校工作的实际方针，由于过于高远而不易操作，它走偏为“平均发展”的普遍现实，恐怕不是偶然的。人无完人，才无全才。社会各个领域的杰出人才，基本都是专长于某一方面。学校教育中这种“求全责备”、“平均主义”的代价，对优秀人才而言，是会损害其个性和创造性；对众多“偏科”或有特殊才能的人而言，则被阻断了成才之路。同时，它也是学生课业负担不断加重的一个实际原因。

一个相反的实例：在体育、艺术领域，“单项突出”、“片面发展”这样的标准是被接受和承认的。我国的艺术教育和体育教育比其他学科的教育更有成效，这是否是一个重要原因？今天看来，提倡“个性发展”可能是个更为恰当、更有现实针对性的提法。

这不仅因为“个性发展”是“人的全面发展”、“充分发展”的基础和前提；更重要的是其所蕴涵的重视人的能动性、自主性，鼓励个体活力的价值，与建设市场经济体制、培养创造性的时代要求高度契合，体现了现代教育所重视的教育民主的价值和因材施教的教育规律。同时，鼓励“个性发展”所指明确，适合于每一个学生，作为学校教育的指导方针也比较易于操作。有朝一日，当韩寒那样的偏才、奇才、怪才都可以被学校接纳，得到恰当的教育和自我发展，“不拘一格”不再是一句口号，那难道不是我们应当追求的理想吗？

以案说理

【案例 1】　　　　“中国差生”与“美国天才”①

在国内他被教成水泥脑袋，到美国他被育成年轻天才。他叫王楠子，八年前，他是上海某中学一个“标准的差生”，经常被老师“重点关照”，无奈之下赴美求学；八年后，他成了全美动画比赛个人组冠军，并被老师表扬“是个天才”。王楠子如今是费城艺术学院的大四学生，是该校动画专业最出色的学生；通过动画领域的开拓，他甚至已在美国贷款买好了一栋三层小楼。这两种截然不同的结果，促使他的父亲王恩重向国内教育现状发难。(9月25日《东方早报》）这是一个有价值的新闻，而王楠子到美国变成了天才这个事件，我们看到今日中国之教育是神魂颠倒的教育、是失魂落魄的教

① 天涯网 2009 年 10 月 7 日徐迅雷文。

育。教育的惊魂已经不复存在。这样的教育甚至不能称为“教育”，而只能称为“教学”、“教书”、“教考”。著名旅美教育学专家、《“高考”在美国》一书的作者黄全愈先生，亲见亲历并比照分析了中美教育根子里的不同，他说：中国学校对孩子进行“考试”，目的是为了发现问题，淘汰之；美国学校对孩子进行“考试”，目的是为了发现问题改善之。“中国差生”王楠子就是被中国教育、中国考试所“淘汰的”；而“美国天才”王楠子，正是被美国教育发现、改善、培养起来的。

【案例感悟】

美国教育家杜威指出“教育的任务在于发现个人的特长，并且训练他尽量发展他的特长，因为这种发展最能和谐地满足社会的需要”。而“发现个人的特长”前提是保护并尊重学生的个性。徐迅雷在文章中一针见血地发问：“中国教育为什么泯灭学生个性？因为它是格式化的教育。格式化的中国教育，是‘万山不许一溪奔’的，大家都要成为被大坝牢牢挡住的水库里的静水死水。”“应试教育”就是这种格式化的教育。这种体制，是一种培训式的教育。“因材施教”这个常识性的教育方式，早已在格式化教育面前土崩瓦解。今日鲜有“因材施教”，多是“万材一教”。“万材一教”的细部就是“万材一师”、“万材一室”、“万材一书”、“万材一考”。最后“万材”变成了“一材”，大家都是一个标准化模子里出来的，都成了擅长考试的“会考分子”。这是应试教育的悲哀。

上述案例促使我们思考教育要如何处理共性与个性的问题。尽可能充分和全面地发展是共性，是对所有学生的共同要求。但每个学生都有其个别性，不同禀赋，形成千差万别的独特个体，人的和谐发展就是将共性与特性相结合，即在坚持统一标准，重视基础性的共性发展的前提下，又有多样性的保护个性健康成长的宽松而丰富的教育土壤。因为“学生的个性发展是学生自身发展的落脚点和最终体现”（袁振国）。

【案例 2】　允许小学生站着、嚷着举手回答问题① 柯美娟

三年前，我从一所初中下调县城实小二年级任教。那是第一次课堂上，我提出了个问题让学生回答，话音刚落下，几十个学生蹦地站起身来，把手举得老高，还有不少学生大声嚷道：“我，我，我……”“我知道，我知

① 中华人民共和国教育部基础教育司．素质教育案例精选（教学类）[M]．北京：中华工商联合出版社，2002．

道……”，“我说，我说……”，习惯了师道尊严的我，在初中三尺讲台上，看惯了学生正襟危坐，循规蹈矩，有理有据的回答问题，当时，这种场面简直把我“闹”昏了头。于是，大声呵斥：“吵什么吵，还没有课堂纪律啦？坐下来举手，老师点谁谁回答。”或许是我刚来，或许是我的威严，学生一下子镇住了，几十双手软软地落下了，个个愁眉苦脸地低下了头，我特意点了个没有站起来的小女生回答了问题。

第二天，学校为了检查我这个新来老师的教学水平，特意组织教研组长、专业课教师前来听课。教课前，我进行了精心的备课，设计了若干个问题。提问时，竟没有一个人积极举手回答，他们个个呆坐着，再简单的问题也没人理睬，教室里的气氛十分沉闷。这一堂课变成了一曲“独角戏”，我只好硬着头皮“讲演”完教学内容，草草收场。晚上，我的耳边回想着教研组长及同事的评点，眼前浮现一个个呆坐的孩子的情形，独自品尝着“镇住”学生这樽苦酒。我意识到自己错了，错在自己忘了受教育的主体是八九岁的儿童，错在自己忘记了儿童的心理特征，错在自己缺少正确诱导学生的方法，尤其错在用“严师”的尊严来束缚学生个性的发展。

又一节课，我走上讲台，诚恳地说：“老师也像你们一样，有时也会犯错误。前天，老师批评你们是不对的，今天我正式宣布全班学生还可以站着自由举手回答问题和向老师提问题。”话音刚落，全班“啊”的一声，个个欢呼雀跃。当我再次提问时，他们又像以前一样个个站着叫着嚷着举手，尤其是有的学生反应快、虚荣心强，好表现自己，甚至怎么回答也都没想好，就举手；而有的学生乘机和别人讲话，有的说话的声音淹没了回答问题的声音，这样，课堂上回答问题的效果非常不好。针对学生们的个性特征，我在课堂教学设计上，对反应较快的学生，提出脑筋急转弯的类型的问题；对沉着的学生就设计一些思考性强的问题，对胆怯的学生就有意识地让他们回答容易回答的问题，对学生们的回答都及时给予肯定，并语重心长地对他们说：“你们积极举手回答问题，老师非常高兴，但回答问题应遵守纪律，同学们之间的讨论不能与老师的提问没有关系，答完问题后应马上安静下来，你们能做到吗？”“能”，学生们大声地保证。“只要你们能做到，老师就允许你们自由地举手回答问题。”

通过一段时间的教学实践，课堂气氛轻松、活跃，就连那些平时最不爱回答问题的学生也受到感染，从而积极回答问题，这样收到了很好的教学效果。我也很快地从“严师”成为学生的好朋友。

【案例分析】

柯美娟老师讲述的发生在自己课堂上的一幕，在我们的教室里绝不是一个特例。在一些老师的传统观念里，上课发言时规规矩矩举手（甚至举手的样式都规定好）的学生才是听话的好孩子，才会得到回答的许可。面对柯老师的提问，“话音刚落下，几十个学生蹦地站起身来，把手举得老高，还有不少学生大声嚷道：‘我，我，我……’‘我知道，我知道……’，‘我说，我说……’”，这是一群多么活泼、有朝气、虎虎有生气的少年啊！但由于长期以来强调课堂纪律，强调统一管理、整齐划一，片面理解“师道尊严”，不少老师不仅不习惯也看不惯所谓的“学生太活”，包括一些学校的领导也以上课的教室是否“安静”、“纪律好”，作为衡量该老师班级管理的标准等。“我意识到自己错了，错在自己忘了受教育的主体是八九岁的儿童，错在自己忘记了儿童的心理特征，错在自己缺少正确诱导学生的方法，尤其错在用“严师”的尊严来束缚学生个性的发展”。陈旧的观念束缚着教师的头脑，影响着教师对学生的课堂管理的行为，这一切阻碍了学生个性的健康发展，抑制了教育的生机与活力。

激发学生思考的兴趣是有效教学的关键所在。在“允许学生站着举手回答问题”这个案例中，前后两个截然不同的结果说明，斥责那些好动爱问的学生，课堂就变得死气沉沉，毫无生机，这样不仅达不到教学的效果，而且扼杀了儿童个性的发展和创造能力的发挥；而鼓励学生积极思考，为他们提供展示自己才华的空间和机会，课堂教学就会变得生机勃勃，学生的个性得到了较好的自由发展，教学任务也就不难完成。要促进学生个性的健康发展，教师在教学中切忌武断主观，要善于引导，积极地为每位学生创设展示他们才干的舞台，让学生的个性得到张扬，让他们能够表现、能够思索、能够多参与教师创设的教学意境，在思维碰撞的过程中享受智力相融的快乐。在给学生自由的空间的同时，也要教给学生一定的准则，但应当把纪律的规范减少到最基本、最必要、最原则性的限度。这个原则就是陶行知先生的告诫：“解放儿童的头脑，使其从道德成见、幻想中解放出来；解放儿童的双手，使其从‘这也不许动，那也不许动’的束缚中解放出来；解放儿童的时间，不过紧安排，给予民主生活和自觉纪律。”

只要对学生一生的发展有利，只要能保护和促进学生的想象力和创造力，我们就不必太拘于表面形式的调控，毕竟课堂是孩子们的！只要他们高兴，只要他们舒展了心灵和放飞了大脑，课堂里当老师提问时“小学生站着、嚷着举手回答”是一幅多么生动的画面！改革课堂教学僵硬死板的模式要从大处着眼——更新教育理念；从小处着手——课堂发言不拘一格展个性。

【案例 3】　　　　　　　选了自己[①]

选举小组长开始了。我注意到第四组有个小女孩，每叫她一次名字，她的身子便微微地颤抖……

七张选票！就是说，这一组七个人都投了她一票，其中包括她自己。“她选了她自己”，我明白了她的紧张。

“她居然选了自己。”“是啊，选了自己。”议论声越来越大。小女孩站起来哽咽着说：“老师，我错了，我不该选自己。”我的心里感到一阵莫名的痛楚。“你说说为什么会选自己”，我说。小女孩抽噎了起来：“小组长必须学习好、纪律好，工作能力强，还要肯为大家服务，我觉得自己是符合这些条件的，所以就选了自己。老师，我错了，请原谅我……”小女孩的声音里包藏着无可名状的委屈和无奈。我微笑着说：“老师不用原谅你，因为你根本没有错！七张选票都选了你，说明大家都信任你，证明了小组长应该由你来当；你不选自己，难道还乱选一个人说比你合适吗？你选了自己，做得好！”我发现她那双大眼睛里充满了喜悦和激动，我继续说道：“你选了自己，是自信的表现，是你最大的优点！我祝贺你当选小组长！”

不知从哪个角落里冒出了零星的掌声，紧接着掌声越来越响，越来越密……

【案例感悟】

怎样促进学生个性的健康发展，展示教育的生机与活力？案例“选了自己”给了答案。小女孩是多么幸运，遇到这么理解儿童心理的老师！她的老师深谙自我教育的规律与方法，化解尴尬局面，既保护了学生的自尊，又让学生成为能够对自己行为负责的人。老师的善解人意和博学善用，不仅强化了小女孩的自信，也让她赢得伙伴们的理解，重拾心灵的宁静。她的老师是多么让我们敬重和喜爱！在她的课堂里学习和生活，我相信没有哪个学生会满腹委屈、躁动不安！她是孩子们心灵成长的守护神！

【案例 4】　　　　　11 省高考状元拒之门外

据报载：香港大学将大陆 11 省高考状元拒之门外，理由是这些状元们缺乏后续发展的能力；剑桥大学招生，学生除了要有能证明学习能力的 A 等成绩，还要接受长达 40 分钟的面试，以考查其是否有发展潜力。

【案例感悟】

今天的学校教育到底要培养什么样的学生？我首先想到的答案是培养德

---

① 中华人民共和国教育部《素质教育观念学习提要》编写组．素质教育观念学习提要［M］．北京：生活·读书·新知三联书店，2001．

智体美劳全面发展的学生，但事实上，整个的教育趋势是让学生全面发展吗？是不是更多的还是以书本为中心，培养了大批考高分、会做题的“书呆子”？孩子从小到大，不管是学校还是家长，尤为关心的是不是孩子的一纸试卷和试卷上赫然醒目的分数？家务可以不做，班干部可以不当，学校活动要少参与，只要成绩好就万事大吉。因为高分数意味着考大学，意味着考上好大学、名牌大学。但苦读寒窗 12 载后，分数是高了，高得让人需仰视，但一场欢喜过后，随之而来的是什么？有的大学将你拒之门外，理由是缺乏发展潜力；有的如愿以偿地被录取了，但大学 4 年之后，当你面对社会时，你寻觅不到自己的位置，你无法融入社会，于是很多学生便在踏出大学校门伊始便被社会所淘汰。

“培养德智体美劳全面发展的学生”已经喊了多少年了，为何却得不到落实呢？我想，作为一名基层教师，必须将这句话由一个“口号意识”转换为一种“实际行动”。“德育为首”，在小学阶段，学校必须为学生的道德奠基。智育很重要，但我认为教师一定要从学生终身发展的角度去想，我除了教授给他知识之外，还应培养他的哪些能力？学习兴趣、质疑能力、思考能力、自学能力、阅读能力……都是何其重要！我们千万不要只盯着他最后的考试成绩来指导我们的教学行为，因为如果我们只盯着最后的分数，很可能平时我们就会让学生大量地机械地抄写、做题，很可能我们会因学生一次的失误大加训斥伤害其幼小的心灵，很可能你会直接告诉学生科学结论而省略了让学生探索发现的过程……久而久之，学生的头脑僵化，不会思考，不会自学，不会质疑，他的发展潜力在哪里？而我们老师，在这个过程中就扮演了一个埋葬学生发展潜能的“罪魁祸首”。体育，就是要千方百计让孩子拥有健康的体魄；美育，要真正培养孩子的审美情趣；劳动教育就应树立“劳动创造价值”的观念。

在培养孩子全面发展的同时，还有一个重要的问题就是体现差异教育，让孩子个性化地发展，让每一个孩子都有鲜明的个性特征，即“鸭子就成为鸭子，兔子就是兔子，鹰就是鹰”，而不是像工厂生产零件那样千人一面。当然，我的意思并不是说全面发展的教育就是千人一面的教育，其实人本身就是有差异的，在我们实施全面发展的教育时就必然能产生孩子之间的差异。但怎样能使学生优势更优，这就存在一个差异教育的问题。学校究竟可以怎样做？多元智能理论给我们提供了理论支撑。我们可以根据学生的多元智能开设校本课程，即第二课程，让班级、学生自由选择课程，以促进学生的多元智能发展。总而言之，当我们真正落实了促进学生全面发展、差异发展，学生的可持续发展自然会水到渠成了。

4. 面向全体与关注个体

哈佛大学350年校庆时，有人问学校最值得自豪的是什么，校长回答，哈佛最引以自豪的不是培养了6位总统，36位诺贝尔奖获得者，最重要的是给予每个学生以充分的选择机会和发展空间，让每一颗金子都闪闪发光。

"我山之石"

如何理解"面向全体"与"关注个体"?

承认个体差异，尊重个性差别是面向全体的实质体现。而因材施教是落实面向全体的有效教学原则。"面向全体"意味着不同学习程度和具有不同个性特点的学生在课堂学习中都应有相应的收获；教师能根据学生的学习态度，有意识地关注每一个学生的发展和学习需要。

1. 切实关怀每一个学生，是面向全体的基本要求

教育中没有抽象的人。你具体地去关注每一个——"这一个"人和"那一个"人，才会有真正意义的面向"全体"。没有具体的一个个个体的"人"，也就抽离了"全体"的涵义，正如德兰修女所言：如果不爱身边具体的"这一个"人和"那一个"人，说爱人类是不可能的。一个人和一万个人同样重要。没有对"这一个"的重视，就没有对"每一个"的重视，从而抽空了教育关怀的价值基础。对具体的"这一个"的关注和关心，学生才会真正体验到教育爱的内涵，而不是教育学中冰冷的概念阐述。教育没有抽象的"爱"，没有抽象的"全体"。

2. 尊重学生的差异，是关注个体的前提

小学数学特级教师刘可钦在《刘可钦与主体教育》一书中谈到，关注个体意味承认并尊重学生发展存在的差异性，不搞"填平补齐"，"不进行分数排队"，淡化学生人际间的比较。差异是一种财富，学生表现出来的差异为教育提供了丰富的资源，不按统一模式塑造学生，允许学生通过不同途径、多样的方式实现有差异的发展。

新一轮课程改革将促进学生发展放到了中心位置，而每一个学生都是一

个特殊的个体，在他们身上体现着发展的共同性特征，又表现出巨大的个体差异。所以，在遵循共同规律对学生进行教育教学时，教师必须打破以往按统一模式塑造学生的传统做法，关注每一个（或每一类）学生的特殊性，并在此基础上实施区别指导和分层（分组）教学。《基础教育课程改革纲要（试行）》明确指出，在教学过程中“教师应尊重学生的人格，关注个体差异，满足不同学生的学习需要，创设能引导学生主动参与的教育环境，激发学生的学习积极性，培养学生掌握和运用知识的态度和能力，使每个学生都能得到充分的发展”。①

因此，如何更全面地了解学生，发展每个学生的独特性，并通过教学与评价促进学生在原有基础上的发展，是实施有效教学中每一位教师须思考和研究的问题。教师须将学生看成是有个性的学习者，承认差异、尊重差异、善待差异，使每个学生都能得到充分的发展。

“他山之玉”

关注人是有效教学的核心理念。

特级教师刘可钦在《刘可钦与主体教育》一书中，阐述了“一切为了每一位学生的发展”在教学中的具体体现：

关注每一位学生。每一位学生都是生动活泼的人、发展的人、有尊严的人，在教师的课堂教学理念中，包括每一位学生在内的全班所有的学生都是自己应该关注的对象，关注的实质是尊重、关心、牵挂，关注本身就是最好的教育。

关注学生的情绪生活和情感体验。孔子说过“知之者莫如好之者，好之者莫如乐知者。”教学过程应该成为学生一种愉快的情绪生活和积极的情感体验。学生在课堂上是兴高采烈还是冷漠呆滞？是其乐融融还是愁眉苦脸？伴随着学科知识的获得，学生对学科学习的态度是越来越积极还是越来越消极？学生对学科的信心是越来越强还是越来越弱？这一切必须为我们老师所关注，这种关注同时还是我们教师必须用“心”施教，不能做学科体系的传声筒。用“心”施教体现着教师对本职的热爱、对学生的关切。

关注学生的道德生活和人格养成。课堂不仅是学科知识传递的殿堂，更是人性养育的殿堂。课堂教学潜藏着丰富的道德因素，“教学永远具有教育

---

① 新课程实施过程中培训问题研究课题组．新课程与学生发展［M］．北京：北京师范大学出版社，2001.

性”，这是教学活动的一条基本规律。教师不仅要充分挖掘和展示教学中的各种道德因素，还要积极关注和引导学生在教学活动中的各种道德表现和道德发展，从而使教学过程成为学生一种高尚的道德生活和丰富的人生体验，这样，学科知识增长的过程同时也就成为人格健全与发展过程，伴随着学科知识的获得，学生变得越来越有爱心，越来越有同情心，越来越有责任感，越来越有教养。当然，这也要求教师一定要加强自身修养，不断完善自己。

总之，关注人的教学才能使学科教学同时成为情感、态度、价值观的形成与发展的过程，从而真正的实现人的发展。

以案说理

【案例 1】　　　　被遗忘的角落①

小烨、小岩在班里属于被忽略的角色。我力求自己的教学没有“死角”，并为消除“死角”做了许多教学之外的工作，我要让每一位学生都感到我在关注他们。现在他们的发展水平也证明我这样做的效果是非常好的。这些学生自有他们的可爱之处，我力图用语言交流的形式，让他们感到老师不仅关注他们，而且还爱他们。

“小烨，每节课你总是默默无闻地听老师讲课，听同学们发言。虽然你很少发言，但老师知道你也在积极思考。因为从你的作业中，我看见你牢固地掌握了数学知识，运用得也很灵活，说明你的思维很有条理，学习态度很认真。刘老师希望你试一试，在与大家的辩论中，在与大家的交流中，你会发现另有一番天地。”

“小岩，由于你自身不断的努力，四年级的数学你学得越发轻松自如，不仅理解得好，还能灵活运用。尤其让老师高兴的是你的作业开始整洁了，思考问题的方法也比较严密细致了，你的性格也开朗了。继续努力吧，我们会发现一个更可爱的小岩。”

一个学生一个样，在面对这些“不一样”学生的时候，我体会到了做教师的价值。

【案例感悟】

观察我们的课堂，总有一部分学生处在被教师无意中“遗忘”了的角落。他们常引不起老师的注意；回答问题，上讲台板演等课堂教学活动，很少轮到他们。这就是我们说的教育的“死角”。这种“死角”一旦形成，必

---

① 教育部师范教育司．刘可钦与主体教育［M］．北京：北京师范大学出版社，2006．

然影响这部分学生的积极性，长期得不到关注，会逐渐导致他们懒于思考、缺乏兴趣、远离同伴、厌恶课堂，严重的还容易形成冷漠的性格。而造成这种“死角”的主要原因，是教师缺乏面向全体学生的教育观，还有教师的认知的偏差。所以，我们要内省，随时反思“我在教学中有无认知偏见”，“有没有重视一些人，而又遗忘了另一些学生的感受”。及时发现有无教育死角，采取措施防止教育死角的出现。

【案例 2】　　三组不同水平的练习题①

在学完长方形和正方形周长时，刘可钦老师为学生提供了三组不同水平的练习题。

1. 基本题（面向全体学生）。

长方形：(1) 长 5 厘米，宽 3 厘米

(2) 长 7 米，宽 4 米

2. 提高题（面对学有余力的学生，在基本题完成后可做）。

把边长是 4 厘米的两个正方形，拼成一个长方形，这个长方形的周长是多少厘米？

3. 准备题（面对学有困难的学生做完准备题后，再做基本题）。

计算下面各图形的周长：（各种平面图形图略）

这样把练习内容分几个层次，对学有余力的学生来说，适当做些思维难度大的题目可鼓励其博学多思；对学有困难的学生，先做一些准备题，为其顺利解题作必要的铺垫，使不同水平的学生都能逐步提高。

【案例感悟】

承认个别差异、尊重个别差异是教师具有现代教育观的一个重要方面。要看到每个学生都是特殊的个体，在儿童进入小学时，其知识准备、身体素质、智力发展、兴趣爱好以及其他的个性品质都已呈现出明显的差异，就学生自身而言，在某些方面也会表现出不同的特点。这就要求教师要了解学生，掌握全班学生的共同特点及个别差异，研究每一个学生的学习方式和发展的可能性，逐步改变传统教育中“拉齐取平”、“一刀切”的做法。采取分层教学，使优等生和学习困难的学生在学习上都能得到最大的发展。比如，规定作业的时间相同，学生完成的题数以及难易程度有所不同；学习内容相

① 教育部师范教育司. 刘可钦与主体教育［M］. 北京：北京师范大学出版社，2006.

同，而思维的深度也应有所区别。

【案例 3】　　　　　　另类的惩罚①

这是齐齐哈尔大学音乐与舞蹈学院表演班的一名女生在作业中写到的自己的亲身经历：在读高一时，我的成绩一直下降，一直掉到班里的倒数五名，整天学不进去，自己也很无奈。我们的班主任很负责，看我们倒数五个这么不用功，就罚我们在晚自习后去打扫他的办公室。于是，我们每天晚自习后就拿着扫把去楼道对面的办公室打扫屋子。班主任还监督我们。他是个历史老师。刚开始我们去打扫的时候，他就有事没事地问问我们一些简单的历史问题，比如，秦始皇是哪一年统一全国的，安史之乱发生在哪个朝代，等等。我们在扫地的过程中也无聊，于是就一边打扫一边回答问题。要是有答不上的，老师就耐心给我们在书上找出来并讲解。时间一长，就使我们对历史产生了浓厚的兴趣。后来只要一下晚自习，就能看见我们五个拿着扫把和历史书狂奔着去办公室。到后来班主任还把其他科目的老师请来给我们提问和讲解。晚自习后的一个小时整个就成了我们五个人的小课时间，同时也使我们对学习产生了浓厚的兴趣。到期末时，我们五个全都跻身了班里的前二十名。直到那时我们才明白老师的这个“惩罚”是多么的伟大！

【案例感悟】

在教学中，面向全体、关注个体，我们提倡放手而不是放弃，案例中的老师就做到了这一点。放手是在教学规律与学习规律中产生的一种自主学习、激发情趣的一种方式。而放弃则是一种对教育教学的态度问题，是一种教育歧视，这是要不得的，我们教师不能那样做。

面向全体，重要的是在课堂上关注到每一个学生，要对每一个学生负责任，育其成人，而不是视而不见，听之任之。有人理解，面向全体就是实施集体教学，不进行个体提问和辅导，这是对面向全体的曲解。因为教育中没有抽象的人。你具体地去关注每一个——“这一个”人和“那一个”人，才会有真正意义的面向“全体”。

课堂教学中关注个体的学习状态、学习情绪是非常关键的，我们往往更多地关注学生的综合性集体反映，而忽略学生的个体情绪和行为，就会失掉一些学生，这些学生由于自制力的控制较弱而失去课堂学习的机会。教学

---

① 齐齐哈尔大学音乐与舞蹈学院学生作业案例。

中，我们不能失掉一个学生，要做到每一个学生都能参与学习，主动学习，在45分钟之后，各有所得，尽管有获得的多，有获得的少，但都有所得，这才是教学的成功。

【案例4】　　只为一个学生订规矩[①]

一位校长随团访问加拿大。在走访过程中，大家发现一件不可思议的事情：有个班的老师在上课时，耳朵上挂着耳机和话筒。其实，这种情况在中国也不少，有些老师讲课时，嗓子哑了，为让学生听好课，往往戴话筒上课。可问题是：并非老师上每个班的课都戴它，只是在一个班上课的老师都戴。大家纷纷揣度：是否这个班学生调皮，爱讲话，课难上，老师只好以此提高嗓门？也可能该班窗外噪声大，老师不得已而为之？后来，学校解释缘由：这个班有一个孩子听力不佳，只有佩戴特殊的耳机才能听清楚。这不是一般的助听器，它的特别之处在于：说话者也必须戴上它，双方才能形成“互动”。学校专门拨出一笔钱，为每位到该班上课的老师佩备这种耳机和话筒。其实，将更多的人文关怀落实到每一个孩子身上，比单调、生硬的言传更见成效。

【案例感悟】

面向全体就要关注个体。面向全体学生，其实是面向具有个体差异的许多学生。这就要求教师要关注个别差异，让每个学生获得成功。只有承认个体差异，并且尊重学生的个体差异，贯彻有教无类、因材施教的原则，面向每个学生的要求才能真正落到实处。教师应当从学生自我意识、心理特质、智力或能力等个性因素的分析入手，采取多种策略指导帮助学生。

【案例5】　　“面向全体”不是一句空洞的口号[②]

请看，一位教师刚对学生提问，不到3秒钟，一位思维敏捷的学生便举手回答，教师听后面露笑容，甚为满意，而其他学生似乎还懵懵懂懂。教师却说：“同学们理解得很好！下面，我们学习……”顺势开讲下一个内容。孰不知，除了这位学生，其他的学生很可能还没有理解，甚至有的学生还没有完全听懂这位优秀学生的发言呢！一个优秀学生的理解怎么能替代所有学生的理解呢？怎么能掩盖绝大多数学生真实的学习状态呢？一个人吃饱了就

---

① 周毅．只为一个学生订规矩［J］．新教育，2010（21）．

② 薛法根．学习是不可替代的．http：//blog．sina．com．cn/xfg1968．

以为所有人都和他一样吃饱了，这一定是个笑话，而这样的笑话却常常在我们的课堂教学中可以看到。学习就像吃饭，只有“亲自”一口一口地吃下那些饭菜，才能填饱肚子，才能获得营养，才能强身壮体，这是旁人不能替代的。

【案例感悟】

面向全体学生，这不能成为一句空洞的口号，而应该实实在在地体现在我们的课堂教学细节之中，经常挂在教师心里和嘴边的话应该是：你还有什么不懂的吗？我能帮你什么忙吗？

【案例6】　　28元钱与一支英雄钢笔[①] 田立君

做班主任多年来，上传下达，学校向学生收取各种费用的钱款已不知有多少次，但1998年12月的一次收费，我终生难忘。钱款是何种名目，早已记不得，但每人收取的是28元钱，这个数字，清晰如在昨天。

按照惯例，晨读前，执行班长收完钱款后要去学校财务室上交。第一节课的预备铃响起时，班长站起来，焦急地对我说：“田老师，我刚才还查得好好的，怎么现在就少了一份呢？差28元钱！”马上就要上课了，学校还有时间规定，我又怕耽误班长上课，就从讲台走下去，来到他的书桌前，接过他手里的钱，微笑着说：“我再帮你点点，别急，你先好好听课！”

回到办公室我又点了一遍，“怎么会呢?”确实差28元钱。其实，在这之前我多少知道点信息：我们班有个女孩，初中时人送外号“小惯”，就是“惯偷”的略语，说她小学时就有小偷小摸的习气；她还有一个外号叫“不怕烫”，取“死猪不怕开水烫”的缩略。现在她是班长的同座。

在这样朦胧的背景下，我做出一个决定，从自己的兜里拿出28元钱悄悄放进去，然后来到财务室把我们班61人的钱交齐了。上午第二节是我的语文课，我一出现在教室门口，班长就跑过来，我示意他先回到座位上。我走上讲台，像往常一样，微笑着环顾一圈，然后轻描淡写地说：“咱班班长今天是糊涂了，没差钱，他非查是少28元钱，看来，他是把我这个班主任也算上了，按62人的总数的吧！”班长一脸诧异，站起来还想说什么，我笑着并向他递了个眼色，示意他先不要解释了。我开始讲课，但分明能感受到有一双眼睛总在躲避我的目光。

---

① 这件事发生在1998年冬天，讲述的是班级收费引发的故事，可以说是《信任无价》的姊妹篇。那时我还在家乡的一所高中做班主任。

一个星期后的某天下午，我正在办公室备课，忽然门被很重地撞开了，进来的是我班的一个女生，班长的同座。看到她的表情，我一下子就明白了。我立刻站起来并顺手从抽屉里取出一把钥匙，拉她的手，一起来到走廊北侧的化学实验室。还没等我把门关严，她就气呼呼地说："田老师，你怎么那么虚伪呢！你明明知道那28元钱是怎么回事，你还说没差钱！"她一边激动地说着，一边往外掏东西。我按她的肩让她坐下，她却倔强地又站起来，她把28元纸币放在桌子上，然后说："告诉你吧，这钱是我偷的！明天你就在班上宣布吧！"看着她那涨红的脸颊，凌乱的头发，我拉过她的手，看着她的眼睛，轻声地说："我知道你一定会来找我的！""你明明知道是我拿的（这一次她用了'拿'）的，为什么还装不知道！你这样折磨我这些天！"我看到她的"愤怒"已不同于刚才，就又轻声地但不容置疑地说道："我相信那不是你愿意的，我相信你能改好！"我扳起她的头，注视她的眼睛，我看到有一颗泪珠滚落："田老师，明天我要在班会上自己检讨这件事！这28元钱我还给你！""好孩子，这28元钱我收下！但你也要答应我，这件事从此结束了！你能主动来找我，证明你是个非常勇敢的了不起的好女孩！一会儿我们走出这个门，你我都要忘掉这个秘密，好吗?"她顺从地点点头，眼神里有一种我教她三个月来从没看到过的一种光！

这时，下午自习课的铃声响了，在我送她刚要走出门口时，不知道我们俩是谁先伸出的手臂，我们紧紧地拥抱了在一起！她的头深深埋在我的肩上，忽然一声哭震得我耳朵发麻，我听到的这一声压抑着无限伤痛的哭号，让我敏感地意识到这里面一定另有故事！我果断地又返回身，关上门，搀她回到原来的座前。"这下午的自习是不能让她回教室了，她红红的眼睛会让班里的学生多疑的。而她此时的不平静也没法让她再安心学习。"想到这儿，我的心也安稳了许多。我起身锁好门，坐到她身边，她向我讲述了她小学三年级时，她的一支英雄钢笔的遭遇——

小学三年级时，她父母都下岗了，家里生活很困难。妈妈给她买了一支英雄钢笔，她非常喜欢。在那个时候对一个小孩子来说，用英雄钢笔是个很了不起的事情。她的同桌学习很好，家境也好，也有一支和她一样颜色的英雄钢笔。可是有一天，她同桌的英雄钢笔丢了，她非常害怕他们会怀疑是她拿走的，就在课间时（她家离学校很近），趁班主任说下节课要搜同学们的书包前，把自己的英雄钢笔偷偷地运回家了。她在课间回家的事有同学报告给了老师。上午放学前，她的班主任很生气地说："在我的班级里怎么会有这种行为呢！要知道'从小偷针，长大偷金'！"女教师很武断地说："你们眼睛都看着我，我看着你们，如果我的眼睛看到你时，你脸红了就说明是你有问题！”这个女孩的皮肤很白，她说，当班主任盯着她的时候，“不知为什么我的脸就乎地一热，红了！然后我就低下头，不敢看老师的眼睛。”老师发现我的脸最红，课间又没有在现场，就来搜查我的文具盒，我感觉老师鄙视的目光，同学们惊讶、嘲笑的脸，老师反复询问我的钢笔哪来的等等。我恨老师，恨那些嘲笑我的同学，因为我学习不好，家里又穷，没有谁愿意相信我的话。从那以后我就恨恨地想：“既然我都是小偷了，那我不偷就太不过瘾了，所以，做值日时，看到同学的橡皮、格尺这类小东西啊，拿了就有一种快感，就很舒服，到初中以后就不好改了。上周我在咱班就故技重演了。”当她把这一切都叙述完了以后，我什么也没说，只是站起来伸出手紧紧地抱住她并在她的额头亲了一下，“谢谢你！信任我！”

下班后，我在学校附近的百货商店里，用这28元钱买了一支英雄钢笔和一个笔记本，并且在笔记本的扉页上，写下“相信自己，相信未来！”下面签上一句“你永远真诚的大朋友，田立君”。

高考时，她考上了本省的一所警察专科学校，现在外省某市派出所工作，她以自己的爱心和智慧帮助许多迷途少年，让他们走向了光明的生活。那支英雄钢笔和那本笔记本她至今还保留着。她在给我的信中说：“田老师，‘相信自己，相信未来’，我相信会伴我一生的！您送我的那支英雄钢笔使我愿意向着美好，向着真善美，向着人间最博大的爱……”

【案例感悟】

由此我想，在学校的教育学课堂上，我们可能会学到很多理论，很多哲人关于教育的箴言，但我们想没想到，这些理论怎么才能发挥出它应有的力量呢？作为教师，当我们真实地来到一个情境——我们的校园和课堂，你会发现，无处不是教育契机，无处不是充满关爱和唤醒的等待。无论一个教师有多高明的教育手段，无论他变换的教育方式有多少，如果没有一颗善于体察的心，没有一颗善于感知的心，没有对人的体恤和关怀，没有对人的悲悯和同情，她永远不能真正地走进学生的心灵的世界，聆听到少年的心动。

广博的学识、精湛的教学艺术对教师来说是特别重要的看家本领，但有效教学得以生成的根本更在于教师要善于为学生创设宽松愉悦的成长环境，让学生在心灵安全和心灵自由的天地里，经历成长过程中的酸甜苦辣，获得自身成长的宝贵体验。而教师对每一个个体的尊重、关注、关心、扶持与等待，就是对“面向全体”的真正解读。

5. 理念与行为

“有效课堂”是一个永恒的研究话题，因而需要我们作无限的思考。理念决定行为。思想领先，思考才能深刻，行为才能改进。思想观念是行为的先导。更新教育观念，是实施有效教学的根本。

教育理念的更新是教育发展中具有前提性、根本性的问题。没有教育理念的更新，教育改革难有实质性的突破和进展。因此，有效教学得以实现就必须剔除陈旧的教育观念，形成先进、科学的教育理念，并以此支配教育教学行为。

科学的教育理念需要通过具体的教育过程、教学过程、师生关系等的改变来实现，这不是一蹴而就的，需要我们沉下心来，抛却杂念，在具体的每一节课，在与学生相处的每一天里，教有所思，教有所改，进而教有所成，以鲜活的教育思想引领踏实的教育行动，追溯有效教学的源头活水和教师生命的源远流长。

“我山之石”

大师的心病　　李泓冰

一位 98 岁的老人离去了，给我们留下了太多的思索空间。

四年前，缠绵病榻的钱学森对温家宝总理陈词：现在中国没有完全发展起来，一个重要原因是没有一所大学能够按照培养科学技术发明创造人才的模式去办学，没有自己独特的创新的东西，老是“冒”不出杰出人才。这是很大的问题。“想到中国长远发展的事情，我忧虑的就是这一点。”

九旬老翁钱学森在抨击现行教育制度的时候，毫不留情：“现在的学生对知识没有兴趣，老师教到什么程度，学生学到什么程度，这样的教育是不行的。”钱学森所指，从本质上说，是当今高等教育科学精神、创新精神的缺失。

钱学森曾说，他的创新精神，在很大程度上得益于他在美国的大学教育，敢于挑战权威，鼓励提出与众不同的创见，更有浓厚的学术氛围与竞争气氛。难道在新中国成立 60 年之后，还要仰仗西方教育来培养中国的顶尖创新人才和领军人物吗？

就在笔者写这篇文章时，身边读初三的女儿就在无奈地背诵着钱老所不齿的“标准答案”。在科学的领域里人人平等。然而，在中国的学校，老师永远是不可挑战的绝对权威，学习就是模仿，独立思考是拿自己的前途开玩笑。

“他山之玉”

有效教学需要思考和明晰的几种关系。

1. 现有水平与潜在水平

有效教学就是要关注学生发展的有效性。教学的有效性是基于学生的现有水平，尽可能地促进学生的发展。

发展就其层次而言，包括现有发展区和最近发展区。苏联心理学家维果茨基（1896—1934）就教学与发展问题，提出了“最近发展区”之说：“即儿童发展可能性的思想，归结为‘教学应当走在发展的前面’的结论。”维果茨基认为教学促进儿童发展的途径作用于两种水平：一是现有发展水平，二是最近发展区。这一水平表现为：儿童还不能独立地解决任务，但在成人的帮助下，在集体活动中，通过模仿，却能够解决这些任务。儿童今天在合作中会做到，到明天就会独立地做出来。

我国传统教学中也有“跳一跳、摘果子”的优秀经验。实践证明：停留在现在发展区的教学，只能阻碍学生的发展；只有针对最近发展区的教学，才能促进学生的发展。“发展的过程就是不断把最近发展区转化为现有发展区的过程，即把未知转化为已知、把不会转化为会、把不能转化为能的过程。”新课程提倡自主、合作、探究学习，就是要促进两种发展水平的良性循环。

与学生的两个发展水平相对应，我们把教学分为两个层次。一是针对最近发展区的教学是高层次的教学，二是针对现有发展区的教学是低层次的教学。显然，只有高层次的教学才能促进学生的发展。① 学生在哪些方面获得了发展？教师通过什么使学生获得发展的？每个人的现有水平的差异？每个人的潜在水平的差异？开发人的潜能的途径和方法？这些问题都有待于有效教师作进一步的思考和实践中的解答。

---

① 徐江. 改造解读思维：从无效到有效 [J]. 人民教育. 2006 (6).

2. 动手与动脑

读书是学习，需要动脑；实践是更重要的学习，需要动手。

中国的学生参加国际奥赛几乎囊括所有项目的金牌，但我们大陆至今没有一个诺贝尔奖获得者，自主知识产权也很有限，是中国人的智商低吗？非也，是我们的教育出了问题。“你们学生的书比我们厚，考试成绩比我们好，但你们还要买我们的技术、我们的产品。”德国一位教育官员的话深深刺痛了我。是啊，我们的教育怎么了？

早在半个多世纪以前，陶行知先生就曾批评过，“中国教育之通病是教用脑的人不用手，不教用手的人用脑”，正切中我国教育长期以来忽视实践体验的弊端。学生在学校中学到的东西，只有与丰富的社会实践相结合，才能变得鲜活起来；只有经过自己的亲身实践，知识才能变得丰富、深刻。国际学习科学领域有句名言：“听来的忘得快，看到的记得住，动手做更能学得好。酸甜苦辣都有营养，成功失败都是收获。”尊重学生属于自己的体验，让他们走进自己的生活世界，体验生活、体验社会，即使是失败，也可能成为学生终身受益无穷的财富。中小学生的创新教育，关键意义不在结果而在过程，在于学生在过程中获得的感受和经验。

通过具体的教学活动，培养学生的自信心，对大自然和宇宙生命的好奇心，探索真理的勇气，大胆设想、勇于尝试的实践能力，使学生成为既会动脑思考又善动手操作的知行合一的主人。这是提高整个民族创新意识与创造能力的关键。杨振宁在比较了中美教育之后说：中国传统的教育方法有一个很大的缺点就是教育出来的学生一般比较胆小，动手能力差，但会应付考试。而美国教育出来的学生胆子比较大，动手能力强，但不会应付考试。要改变中国学生“会考试，不会动手”的现状，促进学生的可持续发展，

就必须反对急功近利的思想和短期行为——抛弃一切短视行为，等待学生成长，为学生发展留足后劲；提供尝试机会，鼓励创新；提倡发展性评价，重过程，重方法。因为发展是一个动态过程。

联合国教育组织发布的21世纪教育报告《教育——财富蕴藏其中》提出，21世纪教育的四大支柱，即学知、学做、学会与人相处、学会生存，其中，学做、学会与人相处都与实践能力相关。实践能力不仅是对于人的素质的基本要求，而且也是培养人的创新能力和创业能力的重要条件。因为人的创新能力和创业能力，不能仅仅靠书本知识获得，需要通过实践学习、体验获得和提高。因此，培养实践能力是素质教育的重点，有效教学要促进学

生动手的实践能力。

3. 传统与现代

“守住中华民族的优良教育传统；守住新中国成立以来总结出来的好的教育经验；守住每位老师自己创造的许许多多好的经验。”“因材施教、有教无类、寓教于乐、教学相长等教育观念，学而时习、学以致用、循序渐进、持之以恒等学习观念，都是宝贵的财富，我们一定要坚守这些好的传统，一百年不要变，一万年不要变!”将教育家魏书生阐述的关于教育的传统与现代这段话摘录于此，是希望有更多的中小学一线教师坚定自己的教育理想、坚信自己独有的教学方法和风格，保留精华，去其糟粕，在浮躁追风的外部环境中，充满定力地守住、继承并发扬这些优秀的教育的传统、教学的经验，注重个人的实践性智慧的积累和提升。尊重中国教育传统中优良的精华，使之发扬光大，这是我们的责任。

守住传统并不是保守、懈怠，无所作为，不思改变，自我设限，拒绝外来文化的学习与借鉴，而是让许多盲目和浮躁的心，先安静下来，谛听和审视中国几千年来在教育思想和教学实践中，积累下来的宝贵的教育教学财富。

特级教师薛法根在《教育的“变”与“守”》一文中谈到：“俗话说‘万变不离其宗’，教育的规律是有迹可循的，而教育的种种‘痕迹’，唯有沉淀下来，才可能变得清晰可辨。教育的规律只有在持之以恒的坚守中，才能生发出巨大的教育力量，从而实现教育真正的变革。”

现代教育的发展并不是割断历史，而是在继承传统教育合理内核的基础上，进行符合时代要求的创新。唯有坚定自己的教育信念，遵循教育的内在规律，坚守传统中的精华，扬弃其糟粕；并能放眼全球教育的改革，吸纳现代教育的优秀做法，才能创造出更丰厚的教育财富。传统是基础，是教育发展的根；教育教学的着力点在基础，它是创新的前提；现代脱胎于传统又必将超越于传统。

以案说理

1. 教学滞后于学生的发展水平

【案例 1】　　“他要讲的不用讲学生就已经自明”

一位文学教授曾经指陈中学语文无效教学的重要原因就是语文老师的解

读思维活动与学生同在一个层次上，他要讲的不用讲学生就已经自明，即便这个时候老师明智地采用提问式，让学生自己给自己讲，这仍然是浪费教学资源。因为这对学生来说没有增加新的信息。教师讲授往往只是对文本信息的重复性归结，是学生已经懂得的“真理”，学生不能从老师那里摄入任何有效的能够生成思维能力的成分。这是当前语文课文本解读最失败的地方。

【案例分析】

从教学实际来看，当前课堂教学存在的突出问题就是，教学滞后于学生的发展水平和学习能力（学习潜力）。从具体一节课来说，我们首先要弄清楚：哪些教学内容是属于现有发展区的问题，是学生可以通过独立学习掌握的，哪些教学内容是属于最近发展区的问题，是需要同伴互助和教师帮助才能掌握的。现在的课堂教学往往层次不分明，教师常常花很多时间解决学生能够独立解决的问题，这不仅导致教学水平和效益的低下，更为严重的是阻滞学生学习能力的发展以及学生责任感的形成。①

2. 刻板僵化，照本宣科型

【案例2】　　必须按教学大纲来②

一次中国现代礼仪课，是百人以上的大校课，女老师是某学院的，非常有气质。第一节课，给我们留下了很多的悬念，比如说下面的课会给我们讲一些餐桌礼仪、交往礼仪、坐姿礼仪、面试礼仪…… 在那么多人的课堂上保持安静是很不容易的，而那堂课大家却听得津津有味，整个教室鸦雀无声。

我想我们都对下面的课充满了兴趣，而下面的几堂课每节课都是各种礼仪的各种定义，眼看着来上课的人越来越少，课上睡觉的人越来越多……我有些按捺不住了。下课时，我走上讲台：“老师，我想给您提点建议，能不能在课上讲些我们真正在生活中能用得上的呢，省略这些定义的课能不能行，毕竟我们之所以选这个课是因为想学一些实用礼仪。”老师抬头说：“那哪行，讲课必须按照教案来，这是大纲的内容。就是讲多少节课都得讲完啊。”“嗯，好的，老师我知道了，谢谢您。”“也谢谢你们给我的意见。”故事结束。

---

① 徐江. 改造解读思维：从无效到有效［J］. 人民教育. 2006（6）.

② 某大学学生作业案例。

3. 思维僵化，观念保守型

【案例3】 **"老师，您想哪儿去了"**[1] 徐 卫

A. 曾听过这样一个故事：一位年轻的老师在上公开课时，请同学们用"爱"组词。因为这个比较简单，课堂上举手如林。一个同学组的词是"热爱"，得到老师表扬；另一个同学组的词是"爱惜"，也得到了老师的肯定……这时，一个小男孩站起来，以响亮的声音说："爱情！"课堂上顿时响起一片笑声。老师在哄笑声中狠狠地瞪了那个小男孩一眼，小男孩满脸通红，尴尬地坐了下去……

"爱情"，多么美好的字眼。然而，因为是从小男孩嘴里说出来的，并且是在有许多教师听课的课堂上，因此，他得到的是老师的白眼。

B. 无独有偶，一次，笔者去一个学校听课，见到了真实的一幕：

那节课上的是一篇叙事抒情散文——《再见了，亲人》，描写的是1958年中国人民志愿军最后一批官兵离朝回国时，在车站同朝鲜人民依依惜别的动人情景，赞美了中朝人民用血凝成的伟大友谊。因为这篇课文感情真挚强烈，语言亲切感人，叙事抒情相互交织，构思精巧别致，上起课来容易入情入境，所以经常成为老师们上公开课时的首选。笔者作为教研员，深入基层听课时，就曾多次听过这一课，并且基本上每次听课都比较满意。然而，这次再听这一课时，却在和谐的乐章中听出了一些刺耳的杂音。请看下面的课堂实录片段：

师：同学们读第二自然段，想想什么最令你感动？

生：（自由读）

师：哪位同学说一说

生：小金花的妈妈让我非常感动，她冒着生命危险，混进敌占区，救出老王，最后又拉响手榴弹和敌人同归于尽了。

师："同归于尽"是个成语，它的意思是——

生：一起走向毁灭。

师：小金花的妈妈为了救老王，宁愿失去自己的生命，与敌人同归于尽，这说明了什么？

生：说明了小金花的妈妈对敌人刻骨的仇恨。

生：说明了小金花的妈妈不怕牺牲。

---

[1] 徐卫转引自 http//life. cersp. com/classroom/lists/200708/2532. html

师：（赞许地点头微笑）谁还有话要说？

生：说明了小金花的妈妈对老王的感情非常深……

师：（看看后面听课的老师，脸上露出尴尬的神情，赶紧“纠正”学生）小金花的妈妈不是对老王的感情深，而是对志愿军的感情深，大家重说一遍——

生：小金花的妈妈对志愿军感情非常深……

听课听到这里，我心里“咯噔”一下：孩子说的“小金花的妈妈对老王的感情非常深”错了吗？在8年的生死与共、浴血奋战、重建家园的过程中，志愿军与朝鲜人民用鲜血与生命凝结成了伟大的友谊。作为朝鲜人民的代表，小金花的妈妈对中国人民志愿军的感情非常深，这不错，但中国人民志愿军是由许许多多老王那样的战士组成的，而小金花的妈妈爱志愿军，正是通过爱一个个具体的志愿军战士表现出来的。这种爱，是一种无私的国际主义的爱，是一种不是亲人，胜似亲人的爱，正是这种强烈的爱，让小金花的妈妈为了救老王宁愿献出了自己宝贵的生命……

看来，老师听到学生说小金花的妈妈对老王的感情非常深，就想到一般的男女之情上去了，她怕学生的“胡思乱想”、“胡言乱语”亵渎了中朝人民神圣的感情，更怕学生思想“误入歧途”，所以赶紧纠正“错误”，老师把学生引到“正途”上来……想到这里，我不禁摇头苦笑：老师啊！您想哪儿去了？

以上所举的虽然是个例，但类似的现象在我们的身边并不鲜见。小学生的思想是单纯的，感情也是纯洁的，倒是我们这些当教师的老是从成人的视角出发，想得太多，也想得太偏！其实，很多时候，当孩子说出什么或做出什么“出格”的事情时，面对孩子明亮的眼睛，听着孩子无邪的童音，我们这些教书育人者真的无须太过紧张！

4. 照搬照抄，机械模仿型

【案例4】 **借　　分**①

这个真实的故事发生在山东省高密。1999年春天，期中考试，有一位小学校长被一个“借分的故事”打动。故事说，有一个语文成绩不好的学生，在一次语文考试中考了59分，老师借给他1分，给了他一个成功，但同时提出必须在下一次考试时归还10倍的分数。从此，这位学生发奋学习，

① 李希贵．为了自由呼吸的教育［M］．北京：高等教育出版社，2005．

在下一次考试中竟得了87分，按照原先的规定，老师扣掉了10分。这位同学自此也爱上了语文学习。

故事倡导的是一种精神，一种教育理念。但这位校长却急于求成，他决定在全校后进生中开展一次大规模的借分活动。

活动的结果却使孩子们苦不堪言，借来1分，必须归还10分。后顾之忧压抑着他们的心灵，每次考试结束，等待他们的像是刑场。借1还10并不是一件简单的事。

故事告诉你的是理念，可我们常常照搬故事中的方法，而行政的手段必然使教育变得刻板而苍白。

当我来到这所学校的时候，校长正在校会上发脾气，他想不到的是好经叫老师们给念歪了。

我直截了当地告诉他，念歪这个经的不是老师，而是校长！

从故事给我们的启发里，可以让老师们探讨出一百种、一千种方法，面对千差万别的孩子，我们也可以有千差万别的方法，凭什么由校长一锤定音，连教育方法也来个行政命令！

大家试一试，看能创造出多少种方法，同样可以达到借分的效果。

事情的结局让这位校长吃惊。重要的不是方法，有了好的教育理念，方法可以创造出好多好多。老师的潜能，远比我们要大得多。

【案例感悟】

对有效教学的理解，重要的是观念而不是方法，有了好的教育理念，方法可以创造出好多好多。教育改革的出路在于教育创新。只有切实更新教育观念，才能使教育的改革与发展取得实质性突破，使教育真正焕发出前所未有的生机与活力。为此，转变教育思想、更新教育观念的问题，显然已经成了教育领域中常讲常新的重要话题，是我国各级教育部门和学校必须始终抓好的一项任务。新的教育思想，必然在教育教学改革的实践中逐步产生；新的教育理念，应当在教育教学试验的探索之中，逐步升华和完善。

理念只有在教师头脑中得到真正认可，才会融会贯通地转化为教师的日常教育行为。有了先进的理念后，重要的是行动。鲜活的教育思想引领务实的教育实践是有效教学得以实现的根本。如何把教师头脑中认可的理念融会贯通地转化为教师自己的教育行为？理念转化为现实的行为是那样的艰辛，似乎近在咫尺，有时却难以把握。其实从孔子的“不愤不启，不悱不发”到陶行知的驳斥“假人”、“假教育”，首倡“生活教育”的系列行动，就是活生生的有效教学的案例。

近日找来陶行知先生的文集，对照先生的言行，看看今天的教育，有许多地方值得反思。先生的教育思想为什么影响至今，而且影响力越来越大？我想其中原因之一是他身体力行。他的教育思想是通过自己的教育实践总结出来的，而不是收集别人的教育实践。陶行知先生曾在《“伪知识”阶级》一文中这样写：“知识是有真伪的。思想与行为结合而产生的知识是真知识，真知识的根是安在经验里。从经验里发芽抽条开花结果的是真知灼见，真知灼见是跟着智慧走的。”相比之下，那种从所谓的理论到理论的论证，是没有价值的。探索有效教学的真知需要研究和学习陶行知，不是照着抄、照着搬，非得又搞出个什么模式，而是应该具体问题，具体分析。“生活教育”的思想和内容不是一成不变的，它在现实教育生活中，要根据教育者和受教育者的互动去丰富、补充、发展和完善，这才是先生的用意。

5. 呼唤平等的师生观

【案例 5】 **估　　分** 鲁晓晨

那是我上小学六年级的时候，快要考试了。一次班会课上，老师拟定的主题是“估分”。

老师说：“同学们，我们很快就要进行小学升初中的考试了，你们认为自己能打多少分呀，可以根据这几次的模拟成绩估计一下……”老师的话音刚落，同学们就陷入了“沉思”，教室里静极了。不知过了多久，老师走到讲台前，说：“同学们，考虑得都差不多了吧！来，咱们先统计一下……”“能打 90 分以上的同学请举手……”班里的几个学习好的同学自信地举起了手，老师满意地点了点头，接着问道：“能打 80 分以上的同学请举手……”有十几个同学举了手，老师笑了笑：“能打 70 分以上的同学，请举手……”班里的同学几乎都举了手。老师在黑板上认真地统计着同学们估的分数，忽然转过头，很严肃地对我们说：“我们班里有一个同学没估分，是谁？站起来！”我红着脸从座位上站起来。老师看了看我，问道：“你怎么不估分呀？”我小声地说：“老师，我不是很确定……”老师不屑地看了我一眼，说：“看你平时的成绩，能及格我就烧高香了！”我的泪禁不住夺眶而出，低着头，什么话也不敢说。这时，我的好朋友猛地从座位上站起来，大声地对老师说：“我保证，她这次考试各科一定都在 90 分以上！”老师摇了摇头，笑笑说：“她要是打 80 分以上，我都给她放鞭炮！”老师的话深深地刺伤了我的心。课后，同学们都来安慰我。此后，好朋友每天都坚持给我补课。我以语文 95 分，数学 92 分的成绩，升入了我县当时最好的初中。

“估分”一事早已过去多年了，可当时的一幕幕我仍记忆犹新。我永远不会忘记帮助我的好朋友，更感激老师那番“激励”的话语。

【案例感悟】

平等的师生观是有效教学的先进的教育理念之一。在教学过程中，教师要学会欣赏学生，发现学生身上的“闪光点”。师生之间的对话是平等的、互教互学的过程，教师不再是高高在上的权威，学生也不再是被动接受知识的容器，而是学习的“共同体”。教师由传授者转化为促进者，由管理者转化为引导者，由“居高临下”转化为平等中的“首席”。

任何一种新观念的确立，都是对旧观念、旧模式的变革。现代教育是以学生为主的教育，教育是通过主体，在主体之间进行的精神的交流和生命的对话。现代教育的基本内涵是立足生命存在，关注生命体验，呼唤生命活力，提升生命质量。

6. 转变陈旧的教育观念——变经验型为科研型

【案例 6】　　　　罚写 1000 遍的错字

我在 2010 年冬天在哈尔滨进行“国培”讲座时，在“小学综合实践活动教师培训班”上，在最后“现场提问和答疑”环节中，一位女教师向我讲述了她上小学一年的女儿因在考试中写错了字，其语文老师罚学生写 1000 遍这个错字的事！开始她让我猜一猜，可能会罚写多少遍，我和现场的老师怎么也没猜对！知道了结果，我和在场的老师们都不禁唏嘘！而教师自认为自己的做法是为了学生好的想法，是“严师出高徒”的做法，自己有什么不对呢，“狠一些，是为了让小孩子记住!”持这种观念的教师还不不占少数。

【案例分析】

上述案例中的教师虽属于极端类型，但其行为背后隐藏的陈旧可怕的教育观念却不是少数。案例从反面提醒我们：有效教学要“变经验型为科研型，靠科研提高教育教学质量”。

我曾对一些中小学老师作过访谈，在教学中你的做法更多的是来自哪里？书本？大学课堂里的理论讲授？结果很多人谈到自己习惯于按自己的经验来进行班级管理和课堂教学，而这个“自己的经验”，很多人提到会不自觉地按照自己在当学生时，自己的老师教学时的印象考虑问题的，包括做法的模仿，而这一切如果不是我的追问，她们还真没想到会是这样。这有可取的一面：继承传统。但也有一些传统不科学，就不可取。比如，上述案例中的极端做法，虽是极少数，但不少老师，尤其是小学，普遍采用的要学生把新学的字词抄写十遍、二十遍，甚至错了一个字，罚抄100字，以为这样学生便烂熟于心，其实根本不是这回事。

方柏林在《知识不是力量》（华东师范大学出版社）一书中提到：1956年，教育心理学家本杰明·布鲁姆（Benjamin Bloom）发现，美国学校的测试题95%以上是在考学生的记忆。于是他提出了一个新的学问分类法，即影响了两代美国人的“布鲁姆学问分类法”（Bloom's Taxonomy of Learning）。该分类法认为，学问分为知识、理解、应用、分析、综合、评估几个类别。这个分类法在美国教育界，尤其是在中小学教育界，可谓众所周知。很多学校的课程设置，就是以这一分类法为依据，即便在小学阶段，如我们家女儿这个年龄段，这些分类技能的培养也是齐头并进的。比如“应用”类别，一年级的孩子就有“访谈”作业，让他们问家里人喜欢香草冰淇淋还是巧克力冰淇淋，然后制成图表。我看这就是讲究多项认知技能的组合。

特级教师斯霞在《转变观念，迎接新世纪的挑战》一文中疾呼：“我们常常宁愿相信‘过去’而不相信科学研究，不相信可续结论。这是我们教学质量上不去、学生学业负担过重下不来的原因之一。或者说是师生付出的劳动与获得的成效不成正比的原因之一。靠什么来解决这些老大难问题？我认为最好的办法是进行科学研究，搞调查，搞实验。边研究，边改革，既解决问题，又能及时见成效。搞科研还能转变陈旧的教育思想和观念。”

二、有效教师

导言：构建真正有效教学的美好心灵和杰出才能

对教师的要求有千万条，但最核心的我想只有两条，一是构建真正有效教学的美好心灵——个人特质和职业道德，这是源；二是教师从教的杰出才能——知识结构与教学能力。教育不是时下一些人眼中的“另一种商业”，它“神圣”在哪儿？就在第一条，它是和建立人美好的心灵相联系的事业，是培养有感情的人、“和谐发展的人”①。有效教师不止拥有知识和能力，更重要的是要拥有信仰和力量——对自己和学生的影响和激励。要给学生一个洋溢着生命味道和温暖的课堂，就不止是教师专业储备能完成的了。

一个老师如果不能给以学生在人格、精神上的影响，就不可能是好老师。“世上最危险的职业有两个，一个是教师，一个是医生。从某种程度上说，教师比医生还危险，庸医害的是一个人，而庸师害的是一群人，毁的是孩子的精神和心灵。”北京四中李家声老师的话道出了教师这一职业的独特之处。古人说老师的作用是“传道、授业、解惑”，这个“道”在现代来说就是一种有别于流俗、能抵御各种诱惑的精神气质。同样，一所学校如果不能让身处其中的每一个学生都能感受到一种温暖和眷恋，而是整天就知道让他们在教科书和题山卷海中跋涉，抹杀个性，遏制创造力，这样的教育是没有希望的。

学生的生命之花得以绚烂地展开，他们健全的心智得以养成，关怀社会的品格得以塑造……所有这些无不首先取决于弥漫在校园里的一种风气，一种既无形又有形的精神氛围。这种氛围的辐射力量对学生精神生命的影响远远超出了课堂、作业和考试。而这氛围的营造者首先是教师。可以说一个好老师就是一个好课堂。好老师的作用是不可估量的。能在多大程度上培养出具有独立思考能力，开启学生的心智、激发学生求知、求真和创造的欲望，以及敢于担当的责任和永在提升的社会良知等方面，这些非好老师莫属。

所罗门教授认为：“在个体人格的发展方面，教师的影响仅次于父母。”

许多对人类做出重大贡献的政治家、专家学者，在求学期间，都曾经受到不仅学识渊博而且人格高尚的教师的巨大影响。凡读过鲁迅《藤野先生》

① 北京大学元培教育计划提出培养“和谐发展的人”。

的人都记得，滕野先生以纯真的品质、博大的胸怀给身处异国他乡的鲁迅以极大的温暖，使得鲁迅在回国 20 多年以后，还深深怀念着老师。在鲁迅晚年，每当写作极疲倦时，抬头看见滕野先生的照片，便激起无穷的力量，点上一支烟继续奋笔疾书。滕野先生成了鲁迅鞭策自己奋斗的力量源泉，这正是教师人格的特殊魅力。

教师的人格之光，对学生心灵的烛照深刻又久远，甚至可能影响学生的一生。陶行知说过，“真教育是心心相印的活动”。伟大的师爱对学生的影响是终生的。

有效教学得以实现说到底关键是教师的质量。教师的德、才、识、能素质的全面提升，是有效教学的保证。

德——职业道德（立命之根，追求人格的完美）

才——知识结构（素养之源）

识——个人特质（与众不同的远见卓识）

能——教学能力（教学得以顺利展开的素养）

不是随便什么人都能成为有效教师的，它需要胆、需要德，需要识，还需要才。有胆才敢做，有识才能做，有才有德，才做得出、做得好。有效教师不但要长知识，还要长德行。有效教学需要一个好的能力结构。教师先要把自己做好，才能把教学做好。

【特别推荐】2004 年，南京师范大学附中的王栋生（笔名“吴非”）老师出版《不跪着教书》。在书中，有一组文章专门讨论教师的独立人格问题，《诫徒》是其中一篇。这篇文章看起来似乎是王老师写给自己徒弟的一封信：

一位合格的教师，就是一盏灯，他的光不一定耀眼，但一定能够长久地照耀着人一生的道路。要时刻想到，你的工作是无可替代的。你在追求一种幸福，不要简单地把你的工作理解为谋生的手段。如果你想发财，不必误入教师队伍；你也不必眼红人家发财，只要生活还有保障，就足够了。

当了教师，不必因为那些有一官半职的人在你面前颐指气使而生气，进而也想方设法谋个小官做做。据说不想当元帅的士兵不是好兵，但是想做官的教师肯定不是好教师，业务上肯定不会有什么大出息。

不要指望工作“顺利”，别忘了我们的工作是与形形色色的粗野作斗争。如果你的工作不顺利，想哭的话，那就当着你的学生面哭好了，不要怕让学生看到我们的失败和软弱，让学生看到教师的眼泪并没有坏处，教师是人不是神。应当让学生知道我们恨什么，爱什么。不要听信“一碗水端得平”，学生的教养不一样，品行不在一个层次上，怎么可能“平”？记住，这个社会很复杂，过去是家长复杂，可现在的孩子也不简单。但是你不能随意评论学生，你的评论对他们来说很重要，如果失当，有可能会给他们造成痛苦。

你们年轻，这个世界上还有许多事情你们未必明白。你说家长对你言听计从，我怕你听了头晕。须知那不是对你个人的尊重，而是对我们职业的尊重，他们是在向我们的“肩章”敬礼。如果你的修养高，有人格魅力，那更要想到，你面对的是做父母的人，你要懂得父亲母亲的心。

现在对青年教师的闲话很多。有些家长自恃有学历或官职，自以为是，和教师的冲突比较多，这只能有待于慢慢磨合，而不必急于说服家长和自己保持一致。当你与家长谈“僵”了时，不应指望办公室的其他教师都附和你的观点，因为你在冲动时的说话可能欠妥当，如果有同事用眼神向你示意，那有可能是要你注意缓和态度。——我们可以适当地妥协，因为我们的目的是为了教育孩子，而不是为争论是非曲直，争输赢。

不要在电话里训斥家长，不要为了一点小事让他们分心，尤其不要在他们上班时候把他们叫到学校来，你可能会让他们为难。更何况这年头有个工作不容易，不要让他们因为接受你的训斥而丢饭碗。

不要轻易接受家长馈赠。我们不该怀疑这种馈赠出自于家长的善意，但是这会增加你的心理压力。最好和家长保持一定的距离，这样对双方，对学生都有好处。

1. 有效教师的个人特质

王玉强在《智慧背囊（第四辑）》中有一段关于教师“长相”的见解，颇为新颖，也正合我意。他说没有必要挑剔教师的“长相”，但是，教师应该有某种职业尊严感和内在的精神气质。按照林肯的说法，一个人在40岁之后，就该对自己的长相负责。有次林肯总统的一位朋友向他推荐某人为内阁成员。林肯却没用他。推荐的朋友问林肯何以不用他。林肯说：“我不喜欢他那长相。”他的朋友质问：“你怎么能以貌取人呢?”林肯说：“一个人过了40岁就该对自己的长相负责。”这个“长相”，我想就是精神气质，是个人特质的由内而外的自然流露，因为相由心生。

信不信，你在生活中是什么样的人，教学中也会一样。所以即使没听过某个老师的课，也几乎不差分毫地能说出他在课堂上的样子。我在生活中与他相遇，就能判断他的教学和课堂。因为他怎样生活，怎样对待自己和别人，他通常就会怎样教学和怎样对待学生。

有效教学是高度个性化的，卓越的课堂呼唤教师积极健康的个性品质。健康健全的个性包括积极向上的工作动机，正确的自我意识、自我约束、自我激励、自我评价、耐心、成熟、平衡、稳定、坚韧、自信、幽默、泰然，以及面对心理矛盾、心理冲突、心理压力时的自我调控能力等向上的、健康的人格特质。这健康的人格特质在具体的教学生活中演绎，构成了可意会难言传的教师人格影响力，使他们在课堂教学中能以自己的言行影响人，这就是我理解的有效教师的个人特质。

在《三联生活周刊》上（作者：列那，2012年第41期）看到一篇文章《做老师这件事》。文中谈到，有一部美国电影叫《春风化雨》，罗宾·威廉姆斯在里面演一位老师，他同样如一缕春风，吹皱了一所名校的死水，颠覆了保守刻板的教学方式，鼓动学生们站到课桌上朗诵诗，教他们用不一样的视角看世界，鼓励他们张扬个性、独立思考，最终老师赢得了学生们的心，却被学校逼走了。由此看来，在现实生活中，做一个有特质的充满个性魅力的老师是不容易的，是需要坚守心中的信念的。

二、有效教师

一、有幽默感

用学生的话说，有幽默感的教师，讲课幽默风趣，但不是乱讲些无聊的笑话。风趣幽默不是嘻嘻哈哈，而是让学生在情绪处于良好的状态下，相关知识迅速吸收。教师擅长创造活跃的课堂气氛，教师擅长与学生交流。

2011 年 3 月份，我分别在齐齐哈尔地区初中、高中、大学，对学生作了一项关于有效教学的调查，收上来问卷的答案虽有多种看法，但在课堂上“希望老师有幽默感”这一点上是惊人的一致。用学生的话说“语言幽默点。因为快乐会使学生更爱学习。老师能时不时地与学生开点小玩笑，尤其在枯燥乏味的课上容易困，可以讲讲笑话缓解下气氛，让学生精神起来，也提高了学习兴趣。老师过于严厉的话，会造成课堂呆板。”最近看了特级教师于永正的教学录像。于老师的最大特色就是幽默。在讲授《我爱故乡的杨梅》时，于永正老师叫一位同学小荣起来朗读。读完后他评价道：“在刚才的阅读过程中，小建最投入，因为他在边看课文边听小荣朗读的过程中，使劲地咽了两次口水。”学生先愣了一下，但很快明白了于老师在开玩笑，于是发出咯咯、哈哈的笑声。等大家安静后，于老师又说：“其实刚才老师也流口水了，只是没让你们看到。”学生又笑了。就这样，通过幽默风趣的语言，于老师把抽象的文字变为生动的画面，让学生不费吹灰之力就理解并记住了，相信他一辈子都不会忘。

常言道“幽默是一种智慧”，但我认为幽默更是一种美德。如果说智慧让学生的头脑受益，那么在幽默中领悟的智慧更让学生的心灵愉悦而轻飏。在愉快中学习，在妙不可言中心领神会，可谓事半功倍，寓教于乐。教育是为了成长。幽默教育能让学生们开心地成长，这不是最大的美德吗！此乃有效教师的一大法宝。秘藏幽默的武器，你的学生可真是有福，45 分钟的课堂不再难熬。

做了这么多年的学生一定深有体会：一个知识点，死记硬背 10 遍可能还记不住，但从幽默故事当中听到一遍，却可能终生难忘。有个故事：一个生物学家和两个学生一起做研究。有一次，他的学生要跟他开一个玩笑，吓唬吓唬他。忽然，他的工作室的门被两只大角顶开了，只见一头“怪兽”冲了进来。那“怪兽”浑身是毛，长着一副巨型獠牙，张开血盆大口，看上去十分可怕。“怪兽”冲进来后，用恐怖的声音大声喊道：“我要吃掉你。”生物学家哈哈大笑起来：“哪里冒出来的大怪物？你要吃掉我？你是吃不掉我的！自然法则告诉我，一切带蹄子的动物都是吃草的！”化了装的学生只能解开兽皮，取下面具，望着那露了马脚的蹄子，后悔自己忽视了老师平时教过他们的一个生物学常识。多有趣的幽默故事啊！看完这个故事后你是否对“带蹄子的动物都是吃草的”这一简单的知识记忆犹新呢？这比老师直接教给的“带蹄子的动物都是吃草的”要生动得多吧！由此可见幽默故事的效应。“重复是记忆之母”，所以有些老师喜欢用抄写N遍来强化学生的记忆。我不敢否定德高望重的名言“重复是记忆之母”，但我想补充一句：“趣味是记忆之父。”说到此，你是否对培养学生的学习兴趣有些感悟呢？兴趣的培养才是学生真正学习的目的。而唤起学生兴趣，提高学生学习效果的灵丹妙药——教师的幽默感，是多么宝贵！

幽默是语言艺术，其内核是人格素养的真实流露。没有包容的心胸，善解人意的情怀，乐观豁达的气度，是谈不上幽默的。幽默是机智但不圆滑、成熟但不世故，清醒中有糊涂，融自嘲、自然、谦虚、乐观、宽容、敏锐却有钝感为一体的良好心态和各种表现艺术的高级形式。湖北有个小学老师黄波，十年来一直致力于“幽默教育”，我买了一本她写的书，叫《恋上你的课》，看了又看，真是开眼界。难怪她的学生们那么喜欢她的课！她的教学效果证明，幽默教育是师生关系的润滑剂，不仅使师生和睦相处，课堂气氛充满活力，而且在激发学生的求知欲望、求知兴趣，培养学生好性格、好心态方面功不可没。

为什么有些老师下了工夫却费力不讨好，学生们不买账呢？想想也不奇怪，你用的是什么招在教育孩子呢？为什么学生会不“领情”呢？有效教师意味教育者——不仅要有一颗爱孩子的心，更要会爱，要让你这颗“心”能听懂学生的心声；也让学生能读懂你的心语——用学生喜欢的方式、乐意接受的方式，符合他们年龄和心理特点的方式，一句话，用学生们能开心地成长的方式，掌握一种良好的教育方法，开展你的教学，让孩子喜欢你信任你，篡改某广告语“爱上你的课，恋上一个人”——这就是有效教师个人特质中最鲜亮的元素，也是我们当下中小学教师中较为稀缺的营养元素，这是构成教师人格魅力的源头活水——因为有情有趣的老师才会带出有感情的学生。培养有感情的人，渗透和谐的人生教育，我想这是应该提到日程上，提到和有效教学相关的思考和实践上来的。

我从黄波老师等有趣的教师那儿，不难看出，幽默教育给身边的孩子和同事都带来了很多很多的思考和快乐。在字里行间可以看到黄老师们和她的学生们之间的默契成长，开心成长！而这幽默的背后是无痕的大爱——一切尽在自然中。

一个幽默的人来当老师，一定是受学生欢迎的老师，也一定会成为一名有效教师。

【案例 1】　　“老师的占地面积是多少”

某教师在教学《长方体、正方体表面积》中的“占地面积”时，问学生：“我现在的占地面积是多少?”跳出了长方体、正方体，突然研究老师的占地面积，学生觉着很新鲜，纷纷大声叫道：“就是你的鞋底的面积。”“那太小了，我想增大我的占地面积，我该咋办?”“你可以坐在地上。”“你可以躺在地上。”学生们纷纷兴奋着建议道，更有甚者还补充道：“躺也要平躺或趴着，不能侧卧。”在这样有趣的讨论中，学生对占地面积有了深刻的认识。“如果有同学将求占地面积算成了表面积，那会怎样?”为了让学生不会将这两个知识点混淆，我引导学生发挥联想。学生们惊呼：“若求长方体的占地面积有同学算成了表面积，不就是要把那个长方体拆了，全部铺在地上。”“幸好我不是那个长方体，那太残忍了！”学生们在笑声中理解了这两个概念的相异之处。

【案例 2】　　下面是几个经典数学幽默的例子[①]

1. 百分数的应用

一位妇女走进一家服装店，服务员对她说：“你大概只有 30 岁吧?”妇女听了很高兴地问：“真的吗? 我看上去那么年轻吗?”“是的，不过，对于熟客，我们店一般都是打 6 折的。”

2. 奇数的导入

一位总是吹毛求疵的顾客走进理发店，熟悉他的理发师皱着眉头想办法不做这笔生意。这时，顾客吩咐理发师道：“今天我要剪一个中间分界的发型。”理发师想了想说：“对不起，我无法做到，因为你的头发是奇数。”

3. 学习“亿”以内数的读法

俄国著名作家科雷洛夫，有一段时间生活十分贫困。房东在他的租契写明，假如克雷洛夫不小心烧了房子，必须赔偿 15000 卢布。克雷洛夫看了租契，提笔在赔款数后面又加了两个 0。房东惊喜地喊道：“啊，1500000 卢布！”“是啊，”克雷洛夫不动声色地回答道：“反正一样赔不起。”

---

① 黄波. 恋上你的课［M］. 桂林：广西师范大学出版社，2007.

4. 两位数加法

有一个人考了一辈子的科举，到老年才考到一个举人。但竟有人以为他是少年得志，托媒人向他提亲。这位举人老爷苦笑一下，提笔回答道："读尽文书一百担，老来才着官袍衫。媒人却问我年纪，四十年前三十三。"问题：这个人现在到底多大岁数？

5. 求一个数的二分之一

妻子："结婚前你对我多好，要是走路遇上水洼，你就会抱我过去。如今你可没有这么做，我觉得你对我的爱只有过去的二分之一啦。"丈夫望着体重重达 96 公斤的妻子说："有什么办法呢？那时你的体重也只有现在的二分之一。"

6. 多位数乘法

小伙子想给女朋友买一枚戒指，到首饰店看了半天，指着一枚戒指问售货员："这个多少钱？""15000 美元。"售货员小姐说。小伙子没想到这么贵，惊异地吹了一声响响的口哨。他又指着另外一枚问："这枚多少钱？"售货员小姐看看他，小声对他说："三声口哨。"

【案例感悟】

我想教育应是鲜活的、生动的、真实的，同时我还想，从小有那么多老师都很爱我，对我很好，但我怎么回忆不起来有哪个老师，让想起来就想笑，就觉得那么有趣呢？不知道读到此处的读者是否和我有同感：有没有一个有趣的老师让我想起他，想到他的课是那么有趣，因为有趣就喜欢上了他教的学科。所以我们能不能首先自己成为心灵丰富有趣的人，以我们的有趣去感染周围的人，让我们周围更多有趣鲜活的人多一些，我想我们中国的教育理念才会真的会发生变化。

【案例 3】

特级教师钱梦龙在教《故乡》一课时，学生为了灰堆里的碗碟究竟是谁埋的发生了争论，于是他说："我们先进行下面的内容，这个问题留到课下讨论。因为这个问题是个历史的悬案！"学生在一阵欢笑中结束讨论，注意力转移到老师下面的讲解。

【案例 4】

在讲双关辞格时，如果一味解释概念，学生大概没有耐心听，这时巧妙地引入幽默就能收到很好的教学效果。一位老师就给学生讲了这样一个逸闻：宋朝有一个书生，觉得自己比欧阳修强百倍。一天，他心血来潮，决定亲自去会会欧阳修。他一出门，就诗兴大发，随口赋诗一首："门前一棵树，两支大丫杈。"吟到此处再也吟不下去，这时走过一个人来接着吟道："春来苔是叶，冬至雪为花。"书生一看，甚为崇拜，决定与此人一道去拜访欧阳修，一同和欧阳修比个高下。于是两人同坐一条船，书生又吟道："两人同登舟，去访欧阳修。"无奈吟到此处又吟不下去了。其实他遇到的这个人就是欧阳修，欧阳修接着吟道："修已知道你，你还不知修（羞）。"就这样，欧阳修利用"修"和"羞"两个同音字，巧妙地教训了不学无术又喜欢卖弄的酸书生。

【案例 5】

王大任老师教初一学生鸡兔同笼也是个很好的例子。鸡兔同笼，有头45个，脚116只，问鸡兔各有几只？学生议论纷纷，有的笔算，有的心算，却算不出来。问题在哪里呢？鸡的两只脚和兔的四只脚在捣乱。于是，王老师下令："全体兔子立正！提起前面两只脚。"全班同学哄堂大笑，个个睁大了惊奇的眼睛。老师接着说："现在鸡与兔子的脚数是一样了。上面有45个头，下面该有多少只脚呢？""45×2＝90只"，同学们齐声回答。教师问："和先前相比，少了多少只脚呢？""少了26只"，反应快的同学马上叫了起来。教师再问"这26只脚哪里去了"等等问题后，同学很容易得出了答案。这古老的烦人题目，就在王老师幽默地"命令""全体兔子立正！提起前面两只脚"中，使学生饶有情趣，又明白地领会了解题方法。

【案例 6】

有一位教师在课堂上批评错了一位学生，引起了这位学生的不满和其他学生的不平，为消除这一失误的影响，他幽默地说："同学们，谁都不是圣人，教师也会出错。在我上小学的时候，有一次老师错批评了我，我当时气坏了，很想上去揍老师一拳。但愿我刚才批评错了的同学不会产生我这样的想法，因为我相信他比我更加有宽容心。"这段话使那位学生转怒为喜，其他学生也为教师的风度和态度所感染，会意地笑了，从而消除了师生间的心理隔阂。

【案例 7】

有一位政治教师讲解"货币的本质"时，两位女生竟打起瞌睡来了。教师幽默地联系这个情况说："我本来以为货币是很有魅力的，谁知在座当中就有不为金钱所诱惑者，依然打她们的瞌睡。"这种即兴幽默，使全班同学都笑了，那两位女生也从此认真听讲了。

德国演讲家海茵兹·雷曼麦说：“用幽默的方式说出严肃的真理，比直截了当地提出更能为人接受。”

【案例 8】

有位老师发现学生多次把小数点后末尾的“0”留下来。当学生有一次把“板演”写成 4.62＋1.68＝6.30，他在订正时，突然从抽屉里摸出一把明晃晃的大剪刀，并问学生“谁知道我要用这把剪刀做什么？”学生们都愣住了。老师接着说：“我要给这个得数剪尾巴了。”这时学生们恍然大悟，在会心的笑声中根除了错误的病根。

【案例 9】　　关于丘比特的幽默①

王老师接任了一个乱班。第一天上课，有个学生要给老师一个下马威，在黑板上写道：“王某某，请回去！”王老师走上讲台，微笑着说：“感谢大家对我的尊敬！我刚来，你们就把我的大名写到黑板的头版头条了。其实，我没那么伟大，更没必要劳动各位的大驾把我请回去。我上完这节课，如果你们认为我不称职，我自动下台。”

上课铃声响了，这一节恰好是王老师的物理课。这堂课教电流：“每秒钟通过导体任一截面的电量叫作电流。”电流看不见摸不着，太抽象了。好在有计算公式：$I=Q/t$，其中 I 表示电流，Q 表示电量，t 表示时间。有的同学很快掌握了，可还有一部分同学总是搞错这三个物理量之间的关系。

“丘比特，你们知道吗？”王老师这一问，教室里顿时炸开了锅。“爱神，小爱神。”男同学忍不住叫了出来。“对，爱神（I）是（＝）丘（Q）比（—，分数线）特（t）。”王老师在前面边比划着边说，同学们在下面窃窃暗笑。可正是在这笑声中，这牛头不对马嘴的乱点鸳鸯，让每个同学掌握了电流的计算方法。

王老师发现有些学生在偷着抽烟。他不露声色地说：“我想讲讲吸烟的好处：首先，吸烟可以防小偷，因为吸烟引起剧烈咳嗽，小偷还怎敢上门？其次，吸烟可以演包公，想想，脸被熏黑了，演包公不必化妆。最重要的一点是，吸烟可以让人永远年轻。为什么呢？“据医学统计，吸烟历史越长，寿命则越短，当然他的人寿档案上的年龄就永远年轻。”听完这番话，那几

---

① 李长娟. 有效教学与师德修养［M］. 北京：世界图书出版公司. 2009.

个学生偷偷地吐了吐舌头。

第二天，当王老师出现在教室时，看到黑板上写着："欢迎您，我们的第四任大总统——王老师。"王老师也再没有发现班上有抽烟的现象了。

【案例感悟】

有幽默感的人在生活中一定是受欢迎的人，而有幽默感的教师，他的课堂一定是学生向往的地方，学生发自内心地愿意和老师在一起，多枯燥的知识在有幽默感的老师那里，都变得那么有滋有味，用学生的话说"原来课还可以这么有趣！"苏霍姆林斯基曾说："如果教师缺乏幽默感，就会筑起一道师生互不理解的高墙。""幽默"出自健康的心态和良好的性格，培植它的土壤是宽广的胸怀和善解人意的心灵，所以我们说幽默是一种优秀的品质。实践证明在课堂上恰当自然地运用幽默，能激发学生浓厚的学习兴趣，融洽师生关系，学生在轻松愉快的气氛之中，灵感伴随着智慧火花，和谐相生，进而达到"善歌者使人继其声，善教者使人继其志"的教学效果。"课堂是生命相遇，心灵相约的场所"，这则案例中的老师改变了自己角色，不再高高在上，而是以幽默出场，对于学生的问难他没有针锋相对，机智幽默地化解了尴尬局面，受到了学生油然而发的喜欢，心灵彼此接纳，进而突现了"传之以心，受之以意"。教学质量、班级纪律也就可想而知了，这不是幽默艺术带来的回报吗？

【案例 10】　　"油滑"不是"幽默"①

课前，我设计一个"开场乐"：在黑板上书写了歌星×××的名字，后面又添上社会名流×××的名字，听课者观之皆捧腹大笑。我见课堂气氛活跃异常，自鸣得意，沾沾自喜……晚餐时，贾老师轻声地对我说："小薛，今天的课，你上得很不错。只是在课前把×××和×××的名字写在一起，会引起人们的遐想。用他们之间的绯闻来制造笑料，不够严肃！这样的噱头千万要不得……"贾老师还告诫我，"在公众场合必须注意自身形象"；"尊重别人就是保护自己"；"要有傲骨，却不能有傲气"……我听了，自责年轻气盛，轻狂草率。贾老师的那番言语让我醍醐灌顶，汗颜不止。

【案例感悟】

在中国小学语文教育界，贾志敏老师被誉为"四大天王"之首，我想是

① 薛法根在他的《大教师》一文中谈特级教师贾志敏。

当之无愧的。薛老师讲述的这个故事让我们从另一个侧面领略了大教师的真风范！他们绝不仅仅是教育才能的杰出，最重要的是有个成就学问的根本，那就是“德”字当先。

“在公众场合必须注意自身形象”；“尊重别人就是保护自己”；“要有傲骨，却不能有傲气”。贾老师谆谆教诲薛老师的话，句句朴实，发自肺腑，这岂是只说给薛老师的箴言？每一个有良知的教师都能从中感受到一份大教师特有的精神境界和美好情怀！真正的君子品格就是首先在内心里有个“他人”的位置，“己所不欲，勿施于人”的换位思考之德。语言的背后站立的是思想，因为“言为心声”，俗语有“听话听音”之说讲的就是这个道理，所以“油滑”不是“幽默”，幽默是一种源自美好内心的品质。薛法根老师后来在他的《大教师》一文中，满怀深情地写到：“如果没有这样的长者关切、缺少这样的智者提醒，难免要出差错，会犯错误。自此，我一改课堂上的随意与轻率，教学用语日臻准确、规范与亲切。我明白‘幽默’和‘油滑’间的不同；懂得‘为人师表’的神圣以及‘教书育人’的严肃；领悟到教师人格的贵贱将决定其课堂教学品质的高下。”

课如其人，课品如人品。修炼的工夫在教学之外！贾老师的语文课，何以行云流水，丝丝入扣？绝不仅仅是缘于他精湛的教学艺术，更是缘于他坦荡的君子情怀。

【案例 11】　　教学中幽默而富有童趣的命名①

“大估”、“小估”、“中估”、“大小估”、“近估”、“凑估”、“精算”。一个个诙谐幽默而又富有童趣的名字，同学们在吴老师的引导下几乎由学生独立完成命名的，虽然是非专业的命名，却透着各自的估算方法特点，鲜活可爱，使学生对估算的多种方法，有了深刻的理解，也非常有利于学生的记忆。当最后吴老师让学生总结本节课的学习收获时，同学们如数家珍，非常流畅说出这些名字，即各种各样的估算方法，收到了事半功倍的效果。同时使严肃神圣的课堂变得轻松活泼起来，使同学们在愉悦的环境中学习，科学规范的命名达不到这样的效果。

【案例感悟】

这是北京特级教师吴正宪老师执教《估算》一课中的一个片段。吴老师

① 精彩的范例：观看吴正宪老师《估算》教学课后的体会. wenku. baidu. com/view/7b2fe14f767f5acfa1c7.

以她独有的教学智慧：于幽默的命名中洋溢着对知识的热爱和对儿童心理世界的真正理解和关照。抽象的估算方法在吴老师的课堂上，通过一个个诙谐幽默而又富有童趣的名字，让学生对知识有了鲜活的体会，她在努力把数学课程变成“有趣的数学”而不是“令人恐惧和讨厌的数学”；在增强学生记忆效果的同时，拉近了课本与学生、教师与学生心灵的距离，这真是死板规范的命名难以企及的效果啊！

知识的学习是应该严肃的，但教育的首要目标是使严肃的事情变得有趣味，让学习变得乐趣横生。教师如果太古板，太一本正经，学生对知识的接受效果是不好的；教师尤其要培养幽默的气质，使学生在快乐中学会知识，吴老师的《估算》一课印证了这是一条真理。

二、不情绪化

不将个人情绪带到课堂，不将不良情绪发泄到学生身上，以平稳的心态，培养学生优秀的性格。

有效教学拒绝冷漠。要关注教师的情感状况——情绪健康。西谚云：“性格即命运。”什么是性格？心理学家认为，性格是一个人对待现实的稳固态度以及与之相适应的行为方式的独特结合。性格在个性中起核心作用。性格来自先天的遗传和后天的生活经历，由复杂的心理构成，是一个人心理因素中最本质的东西。人的心理发展包括两个方面，一是认知发展（记忆、思维、注意、想象、感觉、知觉等，即传统智力或基础智力），即智商，二是社会性发展（情绪、情感、人际交往、气质、性格等），即情商。智商显示一个人做事的本领，情商反映一个人做人的表现。在未来社会，不仅要会做事，更要会做人。情商高的人，说话得体，办事得当，才思敏捷，“人见人爱”；情商低的人，不是“不合群”，就是“讨人嫌”，要不就是“哪壶不开提哪壶”。现在，在国外广为流传这样的话：“靠智商得到录用，靠情商得到提拔。”一旦进入一个单位，能不能“工作顺利”、“事业有成”，情商是一个关键因素。在不断提升自己的能力时，还应不断培养自己的情商。否则，“身怀绝技”，也难免“碰壁”。

人的性格是自小养成的，而一个人的性格可塑期的重要阶段是在学校度过的，教师的情绪和性格，教师的处事方式对学生良好性格的养成和性情的陶冶有着难以估量的作用。因而教师对自身修养的提升，以平稳的心态来培养学生优秀的性格，是有效教学的保证。

在国内一次调查中，学生对不喜欢的教师进行了一番描述，其中有“不耐心”，“情绪不稳定”，“过于严厉”，“粗暴不讲理、讲话刻薄、讥讽挖苦人”，“表情严肃、不和蔼，整天脸无笑容”等内容。从学生的描述中可以看出，教师个人性格和情绪是影响有效教学的因素之一，不可忽视。无独有偶，美国教育家保罗·韦地博士概括出作为一个好教师的人格魅力的12个方面中至少有5项是和教师的情绪性格相关，如，（1）友善的态度——“她的课堂犹如一个大家庭，我再也不怕上学了。”（2）尊重课堂上的每一个人——“她不会把你在他人面前像猴子般戏弄。”（3）耐性——“她绝对不会放弃要求，直至你能做到为止。”（7）幽默感——“她每天会带来欢乐，使课堂不致单调。”（8）良好的品性——“我相信她与其他人一样会发脾气，不过我从未见过。”在这里，教师的态度主要指教师对学生的态度，也包括教师对工作的态度、对生活的态度以及相关的心理品质和人格特性。有一句话说得好：态度决定一切。教师以什么样的态度面对学生，决定着学生的成长；以什么样的态度对待工作，决定着工作的成败。

美国教育心理学家古诺特博士曾深情地说：“在经历了若干年的教师工作之后，我得到了一个令人惶恐的结论：教育的成功和失败，‘我’是决定性因素。我个人采用的方法和每天的情绪是造成学习气氛和情境的主因。身为老师，我具有极大的力量，能够让孩子们活得愉快或悲惨，我可以是制造痛苦的工具，也可以是启发灵感的媒介，我能让人丢脸，也能叫人开心，能伤人，也能救人。”

的确，我们当过教师，都会有这样的体会：当我们一脸阳光地走进教室时，学生们的心情就会很舒展、很轻松；当我们一脸怒气地走近他们时，学生们则噤若寒蝉，生怕自己撞到老师怨气的枪口上；我们在课堂上以热情的语气肯定学生，以赞赏的眼光激励学生，他们的心里会充满幸福与喜悦，表现得很兴奋；我们指责、挖苦、嘲讽学生，则无疑是给他们心灵的天空蒙上一片沉重的乌云。

【案例1】　一样的鞠躬，不一样的感觉[①]　张海娜

那是一天早上，我像以往一样迈进教室，习惯性地环视四周，我发现少了三个学生。问班长，班长说不知道他们去哪儿了。我开始上课。正当我讲得津津有味时，教室的门“咚”地一下被推开了，王雪峰等三个学生闯了进来，望了我一眼，径自向座位走去。我的怒火腾地一下从心头蹿起，我扬起

① 富凯宁．今日做教师（二）[M]．北京：同心出版社，2001．

下巴，说："出去！喊报告！"他们三个人应声往回走，到了门外喊报告。我无法平息自己的怒气，径自不予理睬，谁知他们竟在门外一迭连声地喊起"报告"来。我冲下讲台，呼地一下拉开门，平静地说："进来！"待关上门，我再也无法遏制自己的怒气，禁不住高声怒斥他们："你们是什么学生？有没有一点规矩！"我越说越生气，用力把一盒粉笔摔在地上。这时，一直默不作声的王雪峰突然大声说："还要我们喊几次报告？"说完，他头也不回，大步流星地回到自己的座位。可能是情绪太激动，也可能是顶撞老师心虚所致，他开始抽泣起来。教室里安静极了，除了王雪峰那里轻微的动静，同学们都面面相觑，不知如何是好。这一切确实出乎每个人的意料之外，包括我。我的思维在飞速地转动，许久，我平静地说："王雪峰，如果你不自己走回来，这件事就解决不了。"果然不出所料，敢作敢当的王雪峰腾地站了起来，又大步走回到讲台前。我说："说说吧，你想怎样解决这件事？"王雪峰说："老师，我觉得您太爱发火了。其实刚才我们去体育组看体育老师，因为他刚生病回来，我们听见上课铃后赶紧往回跑，因为太着急了，所以没喊报告就进来了，这是我们不对，但您问也不问我们迟到的原因，就冲我们发火，这就是您的不对。"义正词严，铿锵有力，让我突然觉得，我的学生长大了，他们不再是唯老师马首是瞻的应声虫，他们有了自己的想法，有了自己明辨是非的能力，而我又是怎样对待这一切的呢？教师不是学生的敌人，教师应是学生最亲密的朋友。这最浅显的道理，却是在这样的氛围下才让我有了最深刻的理解。我告诉自己，我必须承认自己的错误，于是我转身面向全体学生，响亮地说："今天这件事，我在没调查清楚的情况下，批评了他们，我向他们道歉。"说完我弯下腰开始捡地上的碎粉笔，王雪峰等许多同学都跑上前来帮忙。我知道，勇于认错让我赢得了学生的信任。

课下，再一次见到王雪峰，我们四目相对，他向我深深地鞠了一躬，并小声说："老师，我觉得您是一个合格的老师，因为您能虚心接受别人的意见。"听到这句话，我真的百感交集，如果说以前他的点头与问好是出于礼貌，我感到今天这一躬是他发自内心的尊敬。这一躬，是一个学生对老师最真切的热爱。一样的鞠躬，不一样的感觉。

【案例感悟】

看到上述案例，想起以前读过的一个小故事《给心灵打孔》："一个父亲让脾气很坏的儿子每发一次脾气，就往门上钉一颗钉子。那个小子有时候一天要往门上钉 30 多颗钉子，后来觉得钉钉子比控制脾气还麻烦，就渐渐地不再发脾气了。他的父亲又叫他把钉子拔下来，门上留下许多钉孔。这位父亲告诫儿子，你每发一次脾气就像这些钉子一样钉到人家心里，即使拔除钉子，还会在对方心里留下疤痕。”是啊，许多老师就像文中的老师一样，用学生说的话说：“老师，我觉得您太爱发火了……因为太着急了，所以没喊报告就进来了，这是我们不对，但您问也不问我们迟到的原因，就冲我们发火，这就是您的不对。”学生讲的有道理。教师要成为学生优秀性格的培养者，自己本身要有健康的心态，并注意时时修炼自己的性格，不情绪化是良好教养的自然体现。现在许多家长和老师都急着逼迫孩子学这学那，孩子疲于奔波在各种特长班。能有条件多学一点东西未必不是好事，但要知道学什么都不如让孩子养成一种优秀的性格。爱因斯坦有言：一个人智力上的成就在很大程度上要依赖性格上的优秀，这一点往往超出人们通常的认识。

【案例 2】　　　　　　“鹦鹉”的拳头①

记得那是在一个晴朗的夏天，微风吹动着窗外的树枝摇晃，初中时的一个星期二，我铭记在心。在安静的教室里面，我们认真地听着英语老师讲课，英语老师的声音是那么的像小鹦鹉，我们大家已经习惯了鹦鹉般的鸣声，从此大家私底下都叫她“鹦鹉”老师。虽然给老师起外号不是好习惯，可是那位老师真的不受大家的喜欢呀，总是向班主任打小报告。周二的第二节课，我还在认真地听着课，突然被外面树枝上的一对小鸟扰乱了思绪，开始浮想联翩，想着它们多好，无忧无虑，多么自由，多么快乐，但是它们是否也有忧伤的事情呢？刚想到这里，不幸的我被老师点到了大名，全班同学的眼光已经把我秒杀了。哎呀，叫我出去站着。在走廊上我深深地低着头，其实那个时候的我还是一个爱学习的好孩子，自己觉得自己突然好没有面子。过了一会老师出来了。二话没说就看见那个拳头冲着我的胸口奔来。刹那间我傻了，很痛同时心也很痛，我认为自己虽然不对但是不至于那样，而且我是个女生耶，我会有自己的自尊心的，她训斥我一番，还把我交给了班主任，叫了家长。我认为这个事情一点都没有必要搞得这么严重。从那以后，我对英语老师开始害怕，见到她不敢说“老师好”，上课不喜欢听见她的声音。从初二的时候英语成绩不断地在下降，也无法挽回了。现在就是个不喜欢学习文化课的孩子。

“鹦鹉”老师呀，你可否知道那无情的拳头让我的自尊心狠狠地跌落在

---

① 齐齐哈尔大学艺术学院音乐教育专业学生作业案例。

墙角了，从此很难恢复了呢？你怎么就没有顾虑一下我们的感受呢？

【案例感悟】

苏联教育家苏霍姆林斯基说："真正的教师如果是处于良好的动机而做事急躁，考虑欠缺，儿童是会谅解的。可是儿童不会原谅那些态度冷淡、缺乏感情、好做长篇说教、总想置身于孩子的忧虑与激动之外的教师。"只有尊重学生的人格，控制好自己的情绪的教师，才能得到学生的认可和信赖。

三、有创造性——拒绝模式

只有有创造精神的老师才能培养出有悟性、有灵气、对生活充满好奇心、有强烈求知欲的学生。有创新精神的老师不会把自己的教学变成单调乏味的机械性重复劳动，那是工匠型教师的模子；有效教学呼唤有创造精神的专家型教师，他们在实践中生成属于自己教学的真正理论，在变化多端的课堂中应对自如，为学生的思维发展创造条件。

【案例 1】　　刘可钦老师

1999 年，刘可钦老师正式作为义务教育国家数学课程标准研制组成员参与工作。在同年 10 月的一次围绕数学课程标准研制的大型研讨会上，她的一番即席发言获得与会人员高度赞赏。这期间，她先后发表了三篇文章，在国内引起强烈反响。其一是《学生需要什么样的数学》。在这篇文章中，刘老师通过对"求比一个数对几的应用题"、"除法的初步认识"、"两种分法的对比"、"两步应用题"等四个有代表性的案例的具体而深刻的剖析，勇敢地对传统教育中所谓"经典"而非精华的思想与行为提出质疑。

她在文章中指出，在传统数学中，教师常用的例题、示范、讲解的教学方式，学生习惯地听讲、记忆、练习的学习方式以及人们为了严密、完整、不产生歧义，常用大量的文字来表述每个概念的处理方式，使得数学被人们普遍看作是枯燥、抽象和难学的。为广大教师所效仿的所谓"经典之作"制约着学生的发展，是应该加以革新的。这篇对不合理的教育思想予以破除的文章发表之后，在业界顿时掀起巨大波澜。后来，刘老师又发表了《为学生的发展需要而教》、《21 世纪，我们怎样教数学》。她在文章中指出，传统的教和学的模式正在酝酿重大的突破，数学教育面临着有史以来最大的变革。我们怎样教数学，我们应该给学生什么样的数学，是每位教师必须重新思考的一个重要问题。努力创建一个有利于学生主动探索的数学学习环境，使学生获得作为一个现代公民所必需的基本数学知识和技能的同时，在情感、态度、价值观等方面都能得到充分发展，应该成为教师教学改革的基本指导思想。

【案例感悟】

我钦佩刘可钦老师，首先在于她是个有思想的人。研究她的课堂教学录像和教育言论，感到她对数学的理解和教学不是一般意义的能工巧匠型，数学在她和学生们的眼里不是常规意义的“操练的数学”，而是“思考的数学”、“生活中的数学”；她的数学课不是雕虫小技的演练而是大道至简的熏陶，她的课让你明白了“术”与“道”的实质区别，也忽然对一直以来不甚能说清楚的“君子不器”有了切实的感悟。

教师们如何珍惜自己的实践智慧并把它们同理论的确立联系起来？在实践中生成属于教学的真正的理论？刘可钦老师作出了回答。在讨论小学数学课程标准的制定和修改中，她以自己在教学中遇到和思考的问题作出了最后的敲定。她结合自己亲身的教学体会，对教育教学新的理念给出鲜活的佐证，为研制小学数学课程标准作出实在的贡献。案例中的刘可钦老师就是在20世纪90年代初开展主体性教育实验研究中成长起来的。在这次实验研究中，她充分发挥自己的主体性，不是被动地接受专家们的实验方案，而是积极主动地参与实验方案的制订，亲自在第一线实验。在实验研究中不断反思自己的教育行为，使她逐渐成为一个善于思考、重视研究的有创新素养的教师。

【案例2】　假期，让孩子创造“奇迹”①　高春秀

《山东教育》2001年第5期的一篇题为《寒假：让孩子们编一本书》的文章给了我很大启发。我何不也大胆抛弃传统的假期作业来一次改革，让学生利用短短的假期自己编写一本小书呢？那个令我和家长们一直头疼的“孩子不愿读书”的问题，不就迎刃而解了吗？可问题是班里的学生程度不齐，并不是个个都有这方面的才能，万一作业没做，书也没编成可怎么办呢？这个计划在我的脑海里酝酿了好长一段时间，一份具有我们班级特色的“寒假作业”终于成功地设计出来了。

① 中华人民共和国教育部基础教育司．素质教育案例精选［M］．北京：中华工商联合出版社，2002．

这份寒假作业分两类：A类是传统型的，除《寒假作业本》外，做好读书摘抄，并写两篇作文；B类则是创新型的，除《寒假作业本》外，自己编写一本书。学生可以根据自己的水平和意愿自由选择其中一类作业来完成，同时我还特意给选择B类作业的学生提供了一些写书的方法和实例。不出所料，“作业”一布置，班内顿时一片哗然。孩子们面面相觑，编书？我们能行吗？我则微笑地送给他们一句：我相信你们能行！

转眼间，假期过去，开学了。当翻看着孩子们编撰的一本本书时，真的又一次感到了那句话的分量：我相信你们能行。这次“作业”中，一本本书，或厚、或薄、或精美、或略显粗糙，却都是孩子们自己的创造。孩子们编撰的书不但主题鲜明、内容丰富，而且有前言、有目录、有后记，更令人激动的是，孩子们编撰的书包罗万象，有武器军事、科学童话、动物百科……一本本书，向老师们打开了一个个童稚的心扉，描述了一个个美丽的梦，展示了丰富多彩的世界……

喜欢童话故事的于淼，亲笔创作了《20篇动物童话故事》，每个故事都用幽默的语言讲述了一个科学道理。例如：兔子的耳朵为什么这么长？山羊的胆子为什么那么小？小白兔的眼睛为什么是红色的？……读着这一篇篇充满童趣的小故事，我常常忍不住笑出声来。如果她将来成为一位儿童文学作家，我可绝不会感到惊讶。

爱读名著的曾凡，写了一部颇具深度的《中国古典四大名著人物点评》。书中对这四部名著中的22位人物进行了一番自己的品评，或褒或贬，颇有点儿大家风范。她还在后记中这样写道：“写完了四大名著里的人物，我也看完了少儿版的四大名著，里面的人物千差万别……写人物的时候，我也费了不少心思，每个人物怎么写，怎么写出他的特点，妈妈、爸爸帮了不少忙，在这里我谢谢他们。”

热衷动画片和电脑游戏的朱羽佳，则发挥了自己的特长，编写了一部14集的科幻小说——《ML星球大决斗》。还有像侯君阳的幻想故事《瓢虫周游记》、郭婵的旅游散记《小丁游记》、张楚的军事集锦《中外武器简介》、郑好的知识系列专刊第一集《动物版》……

这次“作业”，家长也积极参与进来，为孩子写序，帮孩子搜集资料，给孩子以指导。读了孩子们的一本本佳作，我们有什么理由不相信孩子们呢？如今这个时代，已经到了我们向孩子们学习的时候了。给他们一个自由呼吸的空间，你将会看到一个个奇迹。

【案例感悟】

创新的前提是个体有充分施展想象和选择的空间，就是个体要能自己说了算。自主是创造的条件。没有精神上的自由驰骋和环境上的宽松保障，谈创造力的培养就是一句空话。研究与实践表明，责任心和自主选择有着密切联系，"要我做"与"我要做"的主动程度，表现在学生身上大不一样。学生自主选择的愿望是强烈的，学生主动发展的潜能是巨大的。给孩子一些权利，让他自己去选择；给孩子一些机会，让他自己去体验；给孩子一些困难，让他自己去解决；给孩子一个问题，让他自己找答案；给孩子一种条件，让他自己去锻炼；给孩子一片空间，让他自己向前走。苏霍姆林斯基曾说过："在人的心灵深处，都有一种根深蒂固的需要，这就是希望自己是一个发现者、研究者、探索者，在儿童的精神世界里，这种需要特别强烈。"正是这种需要激发了学生的学习兴趣，促使学生去探索自然中的万千奥秘。

【案例 3】　　鼓励学生"标新立异"①　武维民

上课铃响后，我创设了这样的问题情境：在一条清澈的小河边，生长着绿油油的小草和茂盛的树木，几只小鸟在天空中自由地飞翔。看到这幅画面，同学们的笑脸洋溢着惊喜的神情。我们生活的环境多么美丽，观察这幅画，你能编出一道乘法算式吗？同学们纷纷发表意见："我计算花有多少朵，一份是 7，有 3 份，7×3=21。""我计算树有多少棵，一份是 4，有 2 份，4×2=8。""我计算蘑菇有多少棵，一份是 6，有 4 份，6×4=24。"这幅画观察完了，同学们纷纷放下手，可是一个学生还是把手举得高高的，我吃惊地问："你还要发言吗？"这个同学大声说："我把一条小河看成 1 份，一份是 1，1×1=1。"我高兴地说："你让老师又一次吃惊。"下课了，我和同学们仍沉浸在标新立异、与众不同的快乐之中。培养学生创新精神从标新立异开始，标新立异是创新的幼芽，老师们应该用欣赏的眼光、赞扬的话语去保护它、浇灌它，使它茁壮成长。

【案例感悟】

"学生应该是能发光的灯，而不是存储燃料的瓶。"孩子们有着天然的对于周围事物的好奇心，他们用自己的方法去探究、去发现，教师要做的正是保护好学生的这份求知欲，引导学生去做一个开拓发现者。创新能力是未来

---

① 富凯宁. 今日做教师（二）[M]. 北京：同心出版社，2001.

人才的核心要素，对于学生学习中的每一点创新精神的萌芽我们教师都要加以重视，把握好每个教育的契机，真正做到以人为本，从学生实际出发，而不被各种课堂常规形式所束缚。如果上述案例中的老师因为凑时间不让小晨说出她的想法，不让她动手试一试，无疑就会扼杀了一个孩子宝贵的创新精神了，也会减少她对科学探究的热情。

要培养学生的创新精神、探究能力，创设良好的课堂氛围也是一个重要基础。罗杰斯说："成功的教育依赖于一种真诚的理解和信任的师生关系，依赖于一种和谐、安全的课堂气氛。"有一个宽松、和谐的课堂，学生才有勇气、有兴趣进行探究和创造，尤其对于小晨这样的孩子，教师要以更大的耐心与细心去引导她，让她感受到轻松与自如，这样她才可能把自己的创造精神发挥出来。教育应该以人为本，教师应该放下架子，将自己与学生置于平等的地位，让学生在心理上有一种满足感，教学才能展开，创造力只有在这样平等、民主的土壤里才能生根、成长！

【案例 4】　　　物理课的开场白①

桑卡尔教授抛出一粒糖，一个学生接住了，教授叫了一声好："这个同学对糖的落点判断得很好，我们马上要学的牛顿力学要解决的问题，其实就是一个判断落点的问题，就是'基于现在预测未来'。"

这是耶鲁大学公开课视频中桑卡尔教授的物理课的一个场景。教授说："在座的有各种专业的学生——比如学医的学生——不知道相对论、量子力学有什么用，但是如果有一天你的病人以光速逃跑了，你就知道该怎么做了；儿科的，你发现小孩子老是坐不住，你就明白那是因为量子力学不允许一个物体同时拥有确定的位置和动量。"

学生们大笑，继续听教授忽悠：我读书的时候，教材只有 300 页，现在 1100 页，我看你们谁的头也没有比我大三倍，所以我断定你们谁也读不完这本书，我将选重要的来讲，因此你只有来上课才能知道我们要学什么。你如果确实有事，比如要结婚、器官移植什么的，不来也是可以的。但是器官移植，你要给我出示换下来的器官或组织；结婚，你要给我出示配偶；如果祖父母外祖父母去世了，四个以下我会相信的，但是五次以上，我就要查你的家谱。

学生们狂笑。

---

① 裴智新. 读者，2012 (8).

教授继续说："我不喜欢学生上课随便说话，但是你如果对旁边的同学说：'帮我捡一下心脏起搏器'，那肯定没问题。如果有人要睡觉，我很理解，你需要休息。以前我上课，睡觉的都在前排，他们说，只有听见我说话的地方才能睡得香。但是今天这里的音响好，哪都能听清，不一定要到前排来，后面照样睡得好。我只要求你别说梦话，还有就是睡觉的坐在两个不睡觉的人中间，免得形成多米诺效应一起倒下，对我的声誉不好。"

教授看大家笑得前仰后合，还"变本加厉"："我担心有时气氛不够活跃，跟录像方商量可否像情景喜剧一样加上一些笑声，他们说不行，我只能自己应付了。"开场白的最后，他说："如果是有关课程的问题，你们可以随时打断我。我教这个课很多年了，对于我来说，唯一不同的是你们提出的问题，它可能是非常有创造力的问题。这个课程年复一年似乎天经地义重复的那些知识忽然变得苍白无力，可能就是因为你提出的问题。"

【案例感悟】

报载，毕业于中国名校的某先生，过去多少还有点"牛校感"，看了美国名校的公开课，他悲凉地声称："我显然已经不敢把我读的学校叫作大学了。""为什么我们的学校总是培养不出杰出人才？"著名的钱学森之问是否可以从耶鲁教授一堂物理课的开场白中找到一些答案呢？

四、热情亲切、循循善诱

教师要有对教育的热情，对学生的热情。拒绝冷漠。平等待人，不居高临下，尊重课堂内的每一个学生。

美国学者 Frederick J. Stephenson，Ph. D. 通过对美国佐治亚大学最高教学奖——梅格斯奖的获得者们进行了调查和研究，发现获奖教师有 300 多条不同的特征，他将这些特征浓缩为 6 条，其中之一是获奖教师对他们的工作饱含热情，他们对四件事情很有激情：学习、所教科目、学生和教学。换句话说，他们深信自己的工作、他们服务的群体和他们的使命。①

教学是一个富含情感的过程（情感态度维度）。情感是学习过程中最重要的因素。课堂是教师生活的一部分，是他们释放情感力量的地方。

每一节课都当作是师生生命历程中的一小步，加倍珍惜，努力追求的一

① ［美］Frederick J. Stephenson. *Extraordinary Teachers: The Essense of Excellent Teaching*. 周渝毅，等译. 北京：中国轻工业出版社. 2002. 12：22.

种美好境界就是让课堂焕发出生命的活力。教师情绪饱满，上课有激情，学生才能有热情。用学生的话说："要平易近人。如果看见老师就像鼠见了猫一样，那永远也学不好。温和些。就算课堂是吵闹的，我相信，如果是一个好老师是不存在吵闹的课堂的。有点耐心。学生都有不会的题，谁都想学会。学生要想学好，先得喜欢老师。多跟学生玩游戏，多与学生沟通。了解学生的想法，有助于对症下药。"

【案例 1】　　"洋孔子"斯告特① 靳忠良

谈教师人格魅力，我觉得有一个非常典型的外国教师的事例值得研究。这个外国教师是我校夏令营聘请的美国教师斯告特。"洋孔子"是我给他起的绰号。他是教育博士，人很文静，30 岁左右，讲话轻轻的。乍一看，没什么特殊的威严。可就是奇怪，他的课学生特别爱听，就连我这个讲英语十分吃力的老师也特别爱听。

斯告特上课，从一进门开始，到下课铃响了，一句中文都没有。但大家的注意力都集中在他的身上。

更奇怪的是斯告特从不大声说话，每句话说出来都是轻轻的，那样子就像当年中国的孔子给弟子讲学，娓娓道来，让人如沐春风。虽没有扩音器，但弟子三千，贤者七十二，人人都认真听讲。

对于"洋孔子"上课出奇好的效果，我百思不得其解。我注意观察了他许多节课，特别是给中国学生上课，而且是 50 多人大班教学时的情况。有的人讲国外实行小班教学，一个班只有二十个学生，学生少，课堂秩序不乱，教学效果自然会好。而中国人多，五六十个学生一个班，教师讲课声音不大，学生听不见，人多，嘴杂，教学效果当然不好。

可也就是邪了，"洋孔子"给五六十个中国学生上课时，班里秩序照样不乱。而"洋孔子"用的声音始终是那种温和、平稳的声音。

有一次他来上课，教室里人声鼎沸，不少学生在讲话。"洋孔子"走上讲台，一句话也不说，他从西服兜里掏出一张相片让大家看。相片上是一个七八岁的小女孩。他讲"This is my daughter"（这是我的女儿）。讲完这句话，学生们开始安静，不少学生把目光集中在相片上。

这时斯告特又把手伸进西服，掏出第二张相片，相片上是一个三四岁的

---

① 中华人民共和国教育部基础教育司．素质教育案例精选（教学类）［M］．北京：中华工商联合出版社，2002.

女孩："This is my second daughter"（这是我第二个女儿）。此时学生们爆发出一阵笑声，并产生了极大兴趣。大家好奇地将两张相片进行比较。此刻，只见斯告特再次把手伸进兜里，但半天他也没往外掏。

这时全班同学把目光全部集中在斯告特那只掏兜的手上，此时，真是无声胜有声。他仍然是那么安安静静、斯斯文文地慢慢掏出一张更小的小孩相片。这回没等他讲话，早有同学用英语喊了起来"This is my third daughter"（这是我的第三个女儿）。

斯告特轻轻地讲："很好！你们讲的英语单词发音和语法都正确，但内容讲错了，这不是我的女儿。"大家哄堂大笑，斯告特平静地不露声色地指着第一、第二张相片讲："这是我的女儿。"再指着第三张相片讲："那是我的儿子。"他话音未落，全班大笑了起来，课堂气氛轻松而愉快。

斯告特掏出 3 张相片仅仅用了 3 分多钟时间，但他连续 3 次介绍了同一个重要句型，并且换了代词和人称。这实际上是一次相当精彩的句型示范教学活动。学生完全可以根据这一示范句型举一反三，自己出示一些物品，然后一一介绍："这是什么？""那是什么？"可以说这几分钟是轻松愉快的，但又是精心设计的，突出教学重点，同时还是令人终身难忘的。

"洋孔子"所出示的相片完全是真实的，同时又是为教学服务的。他制造的英文教学的语言情景也很精彩，并且恰到好处。他既介绍了自己的真实情况，又示范讲解了重要的英语句型。可以说他轻声细气地介绍孩子相片是在不留痕迹地进行语言教学，同时表示了对子女挚爱的情感。他将生活与教学融为一体，将学生和教师联系为朋友。使人感到听"洋孔子"讲课就像和朋友谈天，说地，他完全没有枯燥说教的痕迹。

当然，"洋孔子"也有"发火"的时候，可是越到他批评学生，越到他"发火"时，就越发地让人感到他亲切、友好的人格魅力。有的学生甚至讲，能挨斯告特批评是一种"享受"。有时他们还故意制造麻烦，自愿挨他批评。

我还真亲身经历了一次这种批评的享受。有一个女生读一个非常简单的单词时，发音不正确，斯告特走过去，轻声地说："我没听清楚，你能不能再读一遍？""可以！"女生又大声读一遍，当然还是错的。但斯告特并不直接指责学生，而是再次询问女生："刚才我讲这个词发音时，是不是没有强调重音？""强调了！""噢？是我忘了，没读重音。"女生不好意思地笑了，接着马上又用正确的读音念了两遍。"很好！你很聪明！"斯告特给女生一个会心的微笑和发自内心的称赞。女生改正了错误，接受了批评，同时脸上还露出了笑容，明显地看得出来她接受这种批评很开心。的确，这是一种享受，一点也不觉得是批评。既接受了批评，改正了错误，心里还十分快乐，谁不愿意接受这样的批评呢？用检讨自己，提示学生意识到自己的错误，的确是一种批评的艺术。我认为“洋孔子”斯告特相貌平常，没有什么惊人之举，也没什么豪迈语言，他之所以受到学生欢迎，之所以取得良好的教学效果，关键在于他对学生的尊重和巧妙的教学设计，以及他善良、美好的人格。

斯告特非常认真地研究教学，他总是认真备课，精心设计教学情境、教学活动。每次上课都带一大包新鲜资料，他常常让学生感到耳目一新，兴趣盎然。

斯告特从内心里热爱学生，他从不用贬低斥责的语言或鄙夷的腔调。即使是批评，他也总是采用委婉的询问式的，检讨自己的方式，耐心地向学生询问，检讨自己是不是有教学失误。这实际上是一种高尚的人格修养。我觉得教师越尊重学生，越注意讲话方式，越严格要求自己，越近乎苛刻地检讨自己，学生就会越尊重教师，越会主动自觉地检查自己的错误。实际上，斯告特采用的是以身作则、以柔克刚的教育方法，以精湛的教学水平影响学生，以高尚的人格力量感染学生的教学方法。

另外，斯告特在教学中不是单纯地讲授知识，而是十分重视传达做人的道理和做事的修养。他能在课堂上介绍自己的孩子，体现了他对孩子的爱心，一个不爱自己孩子的人，也不会爱自己的学生。他明明知道学生错了，但不直接指责学生，而是采用询问的语气，首先检讨自己是不是没听清楚学生的读音，这体现了一种严于律己、宽以待人的做事修养。

中国有句俗话叫作“亲其师，信其道”。只有学生热爱自己的老师、亲近自己的老师，才会热爱学习生活，听从教师的教诲。

【案例感悟】

“洋孔子”斯告特老师以他真诚、热情、亲和的气质感染着每一个学生。在课堂上可以看出，教师对每个学生充满着爱心和信心，学生们则不仅积极主动地参与，生动活泼地学习，而且和教师配合默契，表现出对教师充满着敬爱的感情。教学达到这种程度，可以说到了较高的教育境界。这不是一名简单的教学能手所能达到的。中小学教师中有不乏教学能手，他们能把书本知识严丝合缝地传授给学生，能使学生得高分，考上好学校，但并非就是真正意义上的最优秀的教师，至少我是这样认为。我曾经遇到过一些特级教师，感觉他们身上常有一种说不清的傲慢的神气，有些趾高气扬的样子，可能因为教学名气大，自己也倍感身价不同吧。这样的教师，即使课讲得很好，也算不得是优秀教师。因为他们对成人尚且如此，对他们自己的学生在无意中流露出的气息就可想而知了，受这样的影响，学生会是什么样呢？而斯告特老师的可贵之处就在于他不仅课讲得好，而且是以自己最真挚的一颗心，以火一样的热情，温暖着每一个学生的心，让学生懂得做人与做事的道理。

【案例 2】　　　　　　读出味道来

在《中国教师报》曾看到这样一个教学案例：

两位教师执教《小黄鸡的故事》的教学片段：

甲教师是这样处理的：

教师：梅梅是怎样喂小黄鸡的？

学生甲：她把小黄鸡抱在怀里，手心托着菜叶和小米，凑到小黄鸡嘴边。

教师：谁喜欢读这段？

学生乙读。

教师：读得真好，谁还喜欢读？

学生丙读。

教师：读得太好了！咱们一起读。

学生齐读。

乙教师的处理方法是：

教师：梅梅是怎样为小黄鸡的？

学生甲：她把小黄鸡抱在怀里，手心托着菜叶和小米，凑到小黄鸡嘴边。

教师：梅梅喂鸡有几个动作，看看图，从文中画出表示梅梅动作的词。

学生乙：抱在怀里，托着菜叶和小米，凑到小黄鸡嘴边（学生把表示动作的词读得格外响）。

教师：咱们应该怎样读这些表示动作的词呢？是重读还是轻读？

学生 1：应该轻读，因为喂小黄鸡不能太用力。

学生 2：应该轻读，因为喂小黄鸡的时候你越使劲往它嘴上凑，它就越不吃。

学生 3：我也觉得应该轻读，因为梅梅喂小黄鸡的时候是很温柔的。读得也应该温柔点（听课教师笑）。

教师：那我们读得温柔一些，齐读。

学生齐读。

【案例 3】　老师，我要做个好苹果①

“报告老师，曾宁又打人了。”“报告老师，曾宁乱动我的铅笔。”……一走进教室，班上的学生又围在我旁边唧唧喳喳地打着小报告，这似乎成了一种惯例。

曾宁是这学期新转来的男孩，他是个特别好动调皮的孩子。上课时，时而折纸飞机，时而捏橡皮泥，甚至钻到桌子底下不知搞些什么小玩意。下课后，有时拉拉小姑娘的辫子，有时吓得小个子同学哇哇大哭。班上的同学认定他是个坏孩子，都不愿意和他交往。甚至有的老师都觉得他是个问题学生。我深知，问题学生更需要大家的关怀和努力，如何让大家来帮助他，不歧视他呢？我思索着……

语文课上，我声情并茂地读着课文，学生们兴趣盎然地听着。这时，我发现坐在教室后排的曾宁耷拉着脑袋。突然“啪”的一声，一个红苹果从他的课桌里滚了出来，教室里顿时骚动起来。曾宁的脸色也变得苍白起来，他低着头一声不吭。我轻轻拣起这个苹果，看着低头不语的曾宁和嘲笑他的同学们，我示意他们安静下来。忽然，我发现这是一个一半好一半坏了的苹果，我灵机一动，何不利用这个生成的“苹果事件”来对学生进行一次启发教育呢？

我走上讲台，平静地举起这个苹果好的一面问学生；“你们觉得这个苹果是好苹果还是坏苹果？”“好苹果！”学生响亮地回答。随即，我又展示了这个苹果坏的一面。“哇塞，这是一个坏苹果。”“那究竟是一个好苹果，还是一个坏苹果呢？”同学们都沉默不语。我顿了顿对他们说：“其实，我们不能只看到苹果的一面，我们不仅要看到苹果坏的一面，更要看到好的一面。我们对同学也一样，觉得一个同学差，就不相信他有能力改正缺点。这学期我们班新来的曾宁同学虽然好动，调皮，可同学们想想他是不是也有很多优点呢？”同学门七嘴八舌地议论开了。有的说：“他制作的小飞机很漂亮。”“他最会做脑筋急转弯的题目。”“他跑步很快。”……曾宁身上的优点慢慢变多了。

听着同学们的发言，他的小脸慢慢变红了。我觉得时机成熟了。拿起学

---

① 唐汉卫，张茂聪．中外道德教育经典案例评析［M］．济南：山东人民出版社，2005.

生的铅笔刀，把苹果坏了的地方削去，再给同学们看。同学们异口同声地说“这是一个能吃的好苹果。”我把这个苹果放到了曾宁的手上。突然，曾宁站起来激动地说：“老师。我，我要做个好苹果！”教室里一阵哄笑，随即又响起了一阵热烈的掌声。①

【案例 4】　　“谁能再试一试？把大家带进去。”

支玉恒老师在上公开课《第一场雪》时，要求学生闭上眼睛，倾听指定学生朗读雪后美景一段，并微笑着说：“看看谁的朗读能带着大家进入美丽的雪景中。”学生朗读完毕，没有达到预期的效果。

这时，支老师诙谐地说：“他把我们带进去没有？”

学生小声回答：“没有。”

“只是把我们带到边上，是不是？”

学生和听课老师一齐笑了起来。支老师接着用鼓励的语气提出：“谁能再试一试？把大家带进去。”

另一个学生又站起来朗诵，比较之下，还不如第一个同学。此时，下面的老师和学生都非常紧张不安，不知道支老师怎样应付这样的尴尬场面，全场寂静。

只见支老师神色泰然，风趣地开了一句玩笑：“哦，他不但没有把我们领进去，反而又将我们领了出来。”

霎时，严肃、紧张的气氛一扫而光，课堂气氛立刻活跃起来。

五、真诚、率真、豁达、大气——童心未泯，不世故

南京师范大学附中的王栋生（笔名“吴非”）老师在其《不跪着教书》中有一篇《我不喜欢你的世故》里说：“我对你暗示了不少次，身上的俗气不去掉，早晚会被周围的人抛弃。以为你现在还是学生，一旦进入社会，人与人之间有了利害冲突，你就有可能成为危害别人的人，轻则搅得别人没办法正常做事，重则会对同事朋友下毒手。不过我现在还是想告诉你，有些事是很可笑的，只是你不知道。比如，年轻人在老年人面前世故，还认为老年人看不出来，这就很可悲，当然也很可笑。我们可以容忍青年的幼稚，但是我估计没有人会喜欢一个青年的滑头。一个人在青年时代，他的骨头要是出

① 支玉恒．支玉恒老师教语文［M］．上海：华东师范大学出版社，2009．

问题的话，他很可能一生都站不直。”①

【案例1】　　　　不要漏掉学生的名字②

新学期开学，一个老师在点名时，被“赵志枨”这个名字难住了。前两个字已经读出口了，这第三个字到底读什么呢？他想凭感觉读一个音，又怕读错了。一时间觉得非常尴尬，最后，他老实地告诉学生：“对不起，这个字我不认识，大家能告诉我吗？”说着他把那个“枨”字工工整整地写在黑板上。

“老师，这个字读 chéng，我叫赵志枨（chéng）。”一个男生站起来大声说。伴着他响亮的回答，教室里响起了热烈的掌声。这掌声是送给真诚的老师，因为学生们见惯了原来那种虚伪的“机智”。

【案例感悟】

许丽老师讲的这个故事让我非常感动。教育需要智慧，但这智慧的根源不在于技巧本身的运用而是为师者是否有一颗纯正的心，不诓孩子，不因为孩子小就玩些成年人的计谋，一句话，教师智慧要建立在教师真诚的基础上，否则就是雕虫小技，永远登不了大雅之堂的。因为孩子的眼睛是雪亮的，他们最能看出来自成人的虚伪。面对这些鲜活的生命，没有理由不袒露真诚。做老师这么多年，我也遇到不少这类事件。像许丽老师在文章中写的的那样：比如，在点名时碰到了不认识的字怎么办？一位“前辈”曾向我面授机宜：先故意把他们的名字漏过去，等被漏掉的学生站起来问时，就故意说：“你叫什么名字呀，我怎么会没看到？”如此这般，既巧妙地知道了学生的名字，又避免尴尬等。”生物学家巴甫洛夫说过：“永远不要企图掩饰自己知识上的缺陷，即便用最大胆的推测和假设去掩饰，这也是要不得的。不论这种肥皂泡的色彩多么使你们炫目，但肥皂泡必然是要破裂的，于是你们除了惭愧以外，是会毫无所得的。”其实面对无知并不可怕，可怕的是蓄意掩盖的无知。当代社会没有谁会是万能的。信息时代教师不再是知识的垄断者和独裁者，而是和学生一样，是新知识的不断学习和追求者。学生们喜欢的不仅仅是教师渊博的学识，同时还有教师有血有肉、有笑有泪的率真品格。在学生面前，教师不必也不能虚伪，唯有放下知识的权威身份，主动走下威严的讲台，走到学生中间，尝试建立一种民主平等的教育，才能真正地赢得

① 吴非．不跪着教书［M］．上海：华东师范大学出版社．2004.

② 许丽．不要漏掉学生的名字［J］．人民教育，2004（7）.

学生的信任和爱戴。

【案例 2】　　　　　　看老师如何吻一头猪[①]

在英国南部的一所学校里，有一位老师调任一个差班（后进班）的班主任。这些孩子很调皮，爱捣蛋。老师第一堂课就跟他们玩，玩得天昏地暗。下课了，老师对他们说：“孩子们，你们要是把学习成绩搞上去，我就去吻校外放牧场里的一头猪。这些调皮的孩子问：“老师，这是真的吗?”教师接着说：“是的，而且我还要吻的是一头你们认为最大的那头母猪。”孩子们乐坏了，他们都想看老师去吻一头猪。从那天起，他们的课堂纪律变好了，学习积极性很高，即使有贪玩的，别的孩子也会提醒：“难道你不希望看到老师去吻那头大母猪吗?”

半年后，孩子们的学习成绩有了很大的进步。在圣诞节的前夜，孩子们对老师说：“老师，你可以去吻那头猪了吗?”老师说：“当然可以。”于是，老师带着这群孩子穿过公路，来到放牧场。孩子们在猪圈里找到了一只又大又肥的母猪，老师走近那头大猪，轻轻吻了它。孩子们在猪圈外笑得前仰后合，手舞足蹈。

【案例感悟】

魏书生说：“民主就像一座搭在师生之间的桥。民主的程度越高，这座连通心灵的桥就越坚固，越宽阔。”也许这在我们中国人看来，是件很荒唐的事情，师道尊严，师者为尊，去吻一头猪岂不是太有损形象了？但这位英国的老师那种为了学生的成长，愿做一切事情的勇气与敬业精神，还有那种说一不二的守信品质，是值得我们学习的。而且，那种洒脱，那份童心显示了他的魅力。最具魅力的教师应当是童心未泯的人。正如陶行知先生所说：“我们必须学会变成小孩子，才配做小孩子的先生。”做一个教师必须要永葆“童心”并不完全取决于年龄，而主要在于教师心态。

五、仗义与担当

侠肝义胆，保护学生，不往外推学生，关键的时刻，教师“该出面时就出面”，为了学生的长远发展，即使暂时受点委屈，也要敢于站出来替学生说句话，为学生承担成长路上的风险，并能以自己的真诚、爱心与智慧，化干戈为玉帛，化险为夷，绝处生花。面对学生成长路上的闪失，甚至错误，

---

① 魏薇，王红艳．中外育经典案例评析［M］．济南：山东人民出版社，2005.

不回避、不夸大，直面现实，抓住时机，使“当时是坏事，过后变好事”，无限相信学生的可塑性，给学生不仅是知识学问的引导，更是人生路上的心灵相携与情感共鸣。学生信赖这样的老师！

顾明远先生写过一篇谈论“教师气质”的文章。这篇文章所讨论的主题是重要的，但恰恰为很多教师所忽视：很难说得清，什么是人的气质，但人们能够感觉到它的存在。每个人都有一种气质，有的高雅，有的粗俗。教师应该有特别的气质，因为教师是人类灵魂的工程师，他是知识的传播者、智慧的启迪者、心灵的陶冶者。教师育人，不仅要把知识传授给学生，更重要的是以自己的人格魅力去影响学生，使他们成为高尚的人，有智慧的人。因此，教师的气质很重要。教师的气质不仅应该是高雅的，而且应该是睿智的，并有亲和感，使学生见到老师，就愿意向老师学习，愿意把自己的心里话和老师交流，得到老师的帮助。在顾先生的“教师气质”框架内，我还要加上一条，在某些特殊的时刻，教师气质还意味着勇气和担当。

【案例 1】　帮他们点燃这盏灯——打仗事件的处理①　田立君

这件事发生在 13 年前，我还在家乡的一所高中教书的时候。

我所在的学校是我们当地的一所重点高中。高一年级共七个班，其中有三个是“议价班”，就是不管学生中考考了多少分，只要父母肯花钱，交一笔当时看来不菲的学费，学生就能被破格录取。前四个班的学生中考成绩要达到 450 分方可，而后三个班有的学生甚至有 100 分都不到的。我就任后三个班中高一（5）班的班主任。

开学伊始，学校召开班主任会。面对三个“议价班”的生源，校领导也算“善解人意”，轻描淡写中示意，这三个班是挺难为人的，学校也不指望这样的班“出彩”（就是高考拿成绩），你们也不用太费神儿，只要他们不出事，能得个高中毕业证就行。

1998 年 12 月中旬，我校举行冰上运动会。我的这些学生虽然学科成绩不好，但是班里真有不少体育人才。他们憋足了劲，提前半个月就开始自发组织训练，发誓要拿几个全年级第一回来。我在外面看了一会，觉得冷，就回办公室换双厚棉鞋。刚系好鞋带，办公室的门“砰”的一声撞开了，一名女生大喊：“田老师，不好啦！咱班学生出事了，跟四班打起来了！”我赶紧往外跑。原因是四乘一速滑接力，我班滑了第一，第二的是一个重点班。当

① 这是我在高中教书做班主任时，发生的一个真实的故事。

时叫“尖子班”不光是学生分数高，还有一些家长是当地的“名流”。他们班主任找到裁判投诉，说我们学生在滑冰的时候，有个学生接棒时越位，结果裁判取消了我班的第一名，并当场宣布比赛的成绩作废。我班的男生不服气，拽着四班的体委去找体育老师说理，不知谁的一句“学习啥也不是，喊什么喊！”如同干柴烈火，我班的男生先动手和四班的学生打了起来。在场的老师及时拉开了他们。

回到教室后，我班的一个男生还是气不消，跑到重点班窗外（在走廊里的），朝玻璃窗一拳锤下去，玻璃碎了，碎玻璃散在窗下一个男生头上、身上。我班的那个男生的手也像个血葫芦。学生告诉我，我赶忙跑到他们班，帮那个男孩子抖头上的碎玻璃，一边道歉，一边取过扫帚，收拾散落在桌上和地上的碎玻璃。马上，晚课的时间到了，我刚安排了一下我班同学，四班的班主任就过来找我，其实平时我俩还挺好的，但那天，她先跟我翻脸了：“田老师，看看你们班的那些强盗，告诉你，我班同学可不是好惹的。就算我好惹，他们的家长你也知道是不能答应的！”听到“强盗”一句，我觉得万分刺耳。“这样吧，我先去你们班道歉。”我本能地就想把坏事变好事。我的一贯主张是平时不惹事，但事来了也不要怕事。对教育者来说，当时是坏事，但如果处理得好，坏事也能转化，我相信善的力量和智慧的力量。

“四班的同学们，田老师站在这里很难过，”我给他们行了一个礼，“责任是我们班的，我是不会偏袒的，但是你们知道吗，我班同学为什么会那么在意这个速滑运动会的‘第一’吗？因为你们从小到大都是佼佼者，是老师心目中的‘红人’，而田老师的班里学生现在没法跟你们比，他们也是十几岁的孩子，但事事都不如意，没有得到多少的夸赞与表扬，今天他们认为终于有这样一个可以表现他们才华的机会，他们也热爱自己的班级，也想为田老师争光，所以他们想赢的心情是特别急切的，刚才成了泡影，（他们还能做什么？）在受到别人的奚落挖苦时出现刚才特别让人痛心的一幕。他伸出的拳头，目的不是伤害谁，是他们的情绪还没有疏通，田老师也真的希望他们也有未来，他们现在不自信、不看好自己，我希望你们也能和田老师一起，帮他们点燃这盏灯——心灵的希望之灯，好吗？”说到这，我已泣不成声。想到接这个班以来自己所经历的艰辛和误解，不觉心酸难忍。我刚进来的时候，四班学生看我的眼神是敌对的、愤怒、坚决不饶的。我的话刚落，教室里忽然静极了。一个女生跑过来给我送面巾纸，眼睛红红的，给我一个无声的拥抱。看着一张张也噙满泪水的年轻的脸，我觉得少年的情怀最美好。“四班的同学们，不要嫌弃他们，帮助田老师的学生，如果他们有不会的题了，在课间来向你们中的哪一位请教，我相信我们四班的学生一定不会袖手旁观的！”这时，突然一名男生站起来说说，“田老师，我们一起唱一首《友谊地久天长》吧！”我们一边哭一边唱，这时，等候在外面的班主任惊讶地推开门，想看看有什么情况，竟然有个同学说：“老师，你先出去，我们和田老师还没处理完呢。”唱完了，我说带那几个打仗的同学过来道歉，他们说：“不用了，真的不用了。”我说：“必需的，这是他们应该承担的责任”。

回到我的班级，那几个肇事的学生知道我去道歉，一个个低着头。我简单地介绍了刚才在四班的情况，我班同学都很惊讶，大家沉默不语。我带着三个孩子去道歉，他们很简短，就 6 个字：“对不起，请原谅！”然后来到受惊吓的那名男生面前向他鞠躬致歉。我接着说：“四班的同学，你们愿意和他们握手吗?”真的跑上来好多学生跟他们握手。回到五班，站在讲台上，看着我的那个伸出拳头的男孩的血手，我是又心疼又生气，禁不住在他的手上亲了一口。我哭了，那个男孩子也哭了。我说：“我觉得你们今天与以前的打架不一样，这次是为了班级的荣誉，但是这种方法不好，人如果失去理智就会陷入万劫不复的深渊！有时人生的境遇只差一步啊！多少高墙里的忏悔是因一念之差啊！你们想想要是玻璃扎到那个男孩的眼睛，后果是多么可怕呀！即便法律惩罚了你们，但是你的良心这辈子能安生吗？一个和你没怨没仇的同学因为你的鲁莽和轻率从此失去了眼睛，失去了光明，你这辈子不受良心的谴责吗？你能原谅自己吗?”三个男孩都哭了。当天晚上，我又领着肇事的男孩买了水果和药品到受惊吓的男孩家去道歉，那家的家长也非常开通。

我觉得问题已经处理得有眉毛了，四班班主任又问我：“田老师，你班的那个学生你到底想怎么处理?”“有初一就得有十五，你不汇报，我一定要向学校汇报！”由于我们学校有校规，像打架这类事，轻则反省一周，不能上课；重则开除，而且开学一个月后，学费一概不退，学校巴不得找机会处理这样的学生。我用商量的口吻求她看在我的面上，给我的学生一次改过的机会，说：“这件事对他们的触动很大，你班学生的宽容给他们几个极大的震动，先别向教导处汇报，给他们一次反省的机会，他们在初中、小学没少打架，越罚越重。我相信这次教训，他们不会无动于衷！如果真出事我负责。这次教训对他们是深刻的。以前在初中的时候，他们为一点个人的小事，有时就是一句争风头的话，就能大打出手，今天，不管怎样，他们是从班级的荣誉出发，尽管做得不对，毕竟打仗的动机有所不同了啊！他们毕竟还是孩子！”“你这又何必呢！没见过像你这么护犊子的班主任！如果再出事，后果谁负？还是交给教导处处理，你我都不用操心。”“你让我怎么做都行，但这次你决不能让学校知道，我能让他们听我的话，给我点时间，现在，他们也有深深的内疚感，这正是教育的好时机，否则，他们就会像在初中打架时一样，破罐子破摔了！”以我的性格，从小到大还没有求过谁，但我的学生让我低头了。“即使我好说话，你也知道，我们班的家长不是好惹的呀！”一听此话，我真是愤怒了：“如果你真这么干，我真跟你翻脸了！”有的孩子看到了这个过程，在班里传开了，说：“田老师侠肝义胆！为我们两肋插刀！要是我们再犯浑，对不起班主任啊！”其实我只是不愿意放弃任何一个孩子。我相信人心都是肉长的。他们不怕横，不怕骂，不怕打，但他们怕有人真对他们好。

两年后，我班61人，有32人当年考上了大学、三年内57人陆续考上了大学。当年那三个打架“大王”，如今早已大学毕业，在各自的岗位上成为有用之才。

【案例感悟】

抛弃一切功利色彩，纯洁教师灵魂，有一种独特的教师情怀，包容、接纳、鼓励、宽容、引导、唤醒、感召，真心接纳学生，才会为学生的成长创造一个又一个改正的机会，让每一个学生能健康成长。教师只有做到大智大慧，才能用积极的眼光看待学生的差异，正视学生的困难和不足、毛病与错误，真心扶持学生从成功走向成功，从失败走向成功。

六、具有幸福的能力

有效教师是一个能感受幸福、创造幸福并给他人带来幸福感的人。呼唤有情有趣的老师——拥有积极的、主动的、快乐的、创造的人生，做一个幸福的人，然后才会是一个幸福的老师。做有趣的人，过有趣的生活，这是有效教师必备的理念。一个人生活着，有所爱、有所好，才能使生活趣味化、生动化、优美化。

从小有那么多老师对我很好，很敬业，但我怎么回忆不起来有哪个老师，让我们想起来就想笑，就那么有趣和可爱呢？有没有一个有趣的老师让我想起他，想到那课是多么有趣，因为有趣就喜欢上了那老师、那课堂。有没有一个有趣的老师让我想起他，想到那课堂是多么有趣，因为有趣就喜欢上了那课。比如说因为数学老师的一句话，我的一个亲人长大后的职业就和美术结缘了。因为他在课堂上画了那个老师的漫画，画得极像，那个老师一把把那张画拿起来，把他吓坏了，这下可完了，上课呢，溜号开小差呢，上数学课呢。结果老师说：哎呀，免费就有人给我塑像，太像了，他把画贴在了黑板上，太了不起，初二的年龄就能画成这样，将来还不成为画家啊。就这一句话。本来他是瞎画乱画，父母都认为是没正事，会影响正常的功课，但是因为老师的一句话，业余时间坚持画，最后在此方面很有成就。

我们有没有这样的老师，让孩子想起来就忍不住笑，就像看吉米漫画似的。有，但太少了。所以我们的老师首先自己要有意识成为心灵丰富有趣的人，以我们的有趣去感染学生，让他们感受到生活的多彩和精彩。我想只有我们的教育理念真的发生变化，才会有充满生机和个性魅力的课堂教学，否则，我们也就只是在理论上，只是在框架上，只是在文本上有对有效教学的论述而已。不知道你是否有同感。

我想真正的教育应该是鲜活的、健康的、真实的。它来自一个个鲜活的生命，来自每一个教师的具体丰富的内涵和充满活力趣味的生活。

有效教学需要什么样的老师？好人才会是好老师！我心里的好老师，他首先是个好人，这个好人的定位不是窝窝囊囊，不是没有原则，不是你说什么就是什么，好人的原则是心底仁爱，很能理解人，包容人，欣赏人。但他一定是有鲜明的个性，有血有肉、有情有趣的、活生生的人。

【案例 1】　　学会爱自己——评审会上的思考①　田立君

我曾经两次回到我的家乡参加西部地区骨干教师和专家型校长的甄别评审工作。在只有 3 分钟的个人事迹自述里，我听到的不止是几个老师的“感人”事迹：有的女老师怀孕了，但是为了不影响班级中考成绩，忍痛做掉孩子；或者是孩子骨折了，住在医院里，为了班级 50 多个学生，她没有跟学校请一天假，孩子在医院里又出现了二次骨折；还有的甚至是拿自己的生命和健康作为代价，本该手术，为了毕业班的考试而一再推迟手术日期，最后延误了治疗时机，造成终生残疾等。

听到这些故事，我在感动的同时，也在深思：我一方面很敬重这些老师，但是我内心又非常悲凉。我们老师的形象为什么就是那支哭哭啼啼的蜡

---

① 这是我从中学调到大学后，参与齐齐哈尔地区骨干教师和专家型校长评审工作时的经历感受.

烛呢？那流泪的眼睛、那苍白蜡黄的脸，甚至一年四季不变的衣服！我们的老师为什么不能有自己的生活和健康？有快乐有趣的工作与享受？不管社会上的一些定式宣传怎样，教师个人应该有这样的理念——有效教师是有血有肉，活生生的，她首先要有健康的理念，要学会关爱自己。我们提倡奉献精神，但教师是人，不是神，如果一个人不能很好地照料好自己的身体，关爱自己的心绪，那么，即使一心为学生，也很难想象带着病弱的身躯在讲台上出现，会有什么好的效果。我很难想象一个人的精神力量能大于肉体而支撑多久。那是一张多么痛苦的面孔！这堂课你不上，好好在家休息，让别的老师来代课，会影响学生什么呢？

我们的老师不应该是这样的，她的形象应该是鲜活、阳光、健康的！她应该是面色红润，漂亮而时尚的，这样影响我们的孩子是什么样的心境呢？丰富的、饱满的，拥抱生活的。所以我说，有病就去看病，你的孩子不是你的学生，但他也是别人的学生，也是这个国家的学生，你为了你那 50 多个学生让你自己的孩子二次骨折三次骨折的，作为母亲，你不残忍吗？甚至我说作为人，那真实吗？从人性的角度，孩子有病你就好好地带他，尤其是教师这个职业，本身就奉献很多，而你还不能在自己的孩子生病时，给他这么点关爱，作为母亲说不过去，作为父亲说不过去；还有的老师怕耽误学校的课程，父亲母亲去世了都不能回去送葬，学校知道了还大力宣传。这只能让我们感到爱离我们越来越远，我们离爱、离亲情、离真情都那么远的话，还谈什么教育呢。我们的教育只能是狭隘的、空洞的、难以落到实处的呀。

【案例感悟】　　　　我心目中的好老师

在《三联生活周刊》（作者列那，2012 年第 41 期）上看到一篇《做老师这件事》，文中写道：前几天，我又看了一部校园电影叫《超脱》，开头是一段女声道白："在我还是个孩子的时候，我就不想做一个老师，因为我妈妈是一个老师，我宁可做一个牧羊人或是别的什么，就是不想做老师。"——这正是我想说的话啊！我妈妈就是老师，做了一辈子，时时处处为人师表，在她的梦话里都听不到一个脏字。她从不表露自己的愤怒和忧伤，永远以理服人，甘愿牺牲掉自己的个性，去包容每一位学生的乖张。她从没烫过头发，一年四季都穿严谨的套装，天再热都不会穿凉鞋上班，连我都要受牵连——被禁止在大街上吃东西……

这篇文章让我想到很多。教师首先是一个真实的人。我不喜欢把教师比成蜡烛，流泪的蜡烛，哭哭啼啼，多么可怜！教师，决不止是"照亮别人，毁灭自己”，而是在照亮别人的过程中，与学生一同成长，获取生命价值的提升和人生境界的宏阔；我也不赞同把教师比成园丁，一剪刀下去，是整齐划一、千人一面的小树，这多乏味。我心目中的好老师是交响乐队的首席指挥，在他的教鞭下，不和谐的音符，最终会梳理成华美的乐章！七尺讲台，融进的是陶醉，现出的是神奇！

【特别推荐】 **爱自己**[①]

外籍教师凯丽来自加拿大，上个月刚到学校担任英语教师。有一天，凯丽给孩子们布置了一道英语作文，题目是“你爱谁?”

孩子们的答案几乎全都一样：我爱爸爸妈妈，我爱祖国。凯丽觉得不可思议。她在课堂上对孩子们说：“难道你们只爱爸爸妈妈和祖国吗?”孩子们说：“还有老师，还有学校，还有爷爷奶奶……”

凯丽问：“孩子们，再想想，还有什么才是你们需要爱的?”孩子们想不出来。

凯丽说：“孩子们，你们要爱的不止这些，你们首先要爱的是你们自己，唯有爱自己，才能爱父母，爱祖国，爱这个世界上的一切。”

“你们才是自己最重要的，而不是其他，你们必须要有这样的意识。”凯丽说。

凯丽的言论在学校里掀起轩然大波。校长找到凯丽，希望她不要强迫孩子们接受她的观点。凯丽扑闪着大眼睛，觉得不可思议。

不久，凯丽提出了辞呈，学校极力挽留。但凯丽去意已决。校长问她：“你当初到中国来，说你热爱这个国度，怎么说走就走了呢?”

凯丽说：“校长先生，是的，我热爱这里的一切。但是，我不能勉强自己，我首先爱自己，我觉得自己的教育理念在这里无法施行，我不可能委屈自己去浪费自己的时间。”

凯丽走了，她是作为一个另类老师的形象走的。

凯丽的离去，给人留下了一个无人涉及的问题：在中国教育中，为什么会缺少自我教育？凯丽无法懂得，我们也无法参破。

七、让逻辑与激情共舞

教学逻辑与教学激情是作为一名优秀教师所必备的，两者在很多人看来

---

① 《报刊文摘》2006年9月1日，作者：流沙。

是鱼与熊掌不可兼得的，但其实我们透过现象就可以抓住其本质，它们是一个整体。

“逻辑”，百度百科解释为“逻辑是人的一种抽象思维，是人通过概念判断、推理、论证来解释和区分客观世界的思维过程”。“激情”，百度百科解释为“一种强烈的情感表现形式，往往发生在强烈刺激或突如其来的变化之后，具有迅猛、激烈、难以抑制等特点”。

我们讲的逻辑与激情是从教学过程中教的主体——教师为出发点来阐释其含义的。教学逻辑，即教师在教学过程中如何把自己内化了的知识以各种形式表现给学生的过程的一种客观规律。简而言之，就是在教学过程中，如何组织语言，如何安排课堂，如何提问等都有一种规律在制约着，遵循这个规律就是有教学逻辑的教学过程。教学激情，即教师在教学过程中所拥有的一种饱满的精神状态。举例来说，教师备课积极、教课认真、管理科学等都是拥有教学激情的表现。[①]

如果从表面上来看，我们很容易认为教学逻辑的“性格”是理性主义，教学激情的“品质”是浪漫主义。这样就会自然而然地把两者对立起来，肤浅地认为两者是不能共存或只能抑此扬彼的存在。如果透过现象去探究本质就可以发现两者虽有对立，但终归是统一的，是一个整体。[②] 借用道家的话说，教学逻辑是一种“术”，教学激情是一种“道”，道外化为术，术内隐为道。

在教学实践中，优秀教师都是内外兼修的，兼有理性之逻辑和激情之浪漫。

【案例 1】　电影《死亡诗社》之感悟一：理性之逻辑和激情之浪漫

今天学教育学的人都熟悉这样一部电影——《死亡诗社》（又译作《春风化雨》）。

这是七个男孩的故事，他们是托德，尼尔，查理，诺克斯，米克斯，皮茨和卡梅隆。托德是个不敢表达自己的男生，他的哥哥非常优秀，所以他总是显得有那么些自惭形秽。尼尔是一群人中的首领，为人直爽，性格热情。查理是一个肆无忌惮的人，没有他不敢说的话，也没有他不敢做的事。诺克斯爱上了一个女孩，在三番两次的胆怯中终于鼓起勇气，捧着花束去了女孩

---

① 石中英．论教育实践的逻辑［D］．北京：北京师范大学教育学院，2006.

② Robert L. Fried．做个充满激情的教师［M］．张乃東，译．北京：中国轻工出版社．2009.

子的学校。基丁的出现，似乎改变了他们的未来，但他们眼中闪耀的光芒，又表明了他们内心的期盼。

第一堂课，基丁叫大家撕去了教科书上对诗歌评判与赏析规定那一页，并努力告诉他们青春的激情和诗句的甜蜜，让大家都叫他“船长”，大家都笑了。早慧的尼尔干脆地撕去那一页，懦弱的托德怯怯地撕去那一页，认真的卡梅隆工整地撕去那一页。学生不同的表现并没有让基丁感到奇怪

第二堂课，基丁站在讲台桌让大家上讲台来换一个眼光看这个世界，让他们朗诵自己的诗歌，让他们用诗句唱出心底的感受。尼尔很骄傲地展示自己的杰作，卡梅隆写得规规矩规矩，胆小的托德在基丁的逼迫下也喊出了他心中的惠特曼，博得了全班同学的掌声。

第三堂课，基丁耐心地告诫大家，理想是不能对抗现实的，他们必须在现实的天空下放飞自己的理想，他鼓励每一位学生的个性和理想，又着实为他们的现实担忧。尼尔爱好戏剧，可他父亲并不希望儿子和戏剧沾上边，基丁不止一次地鼓励尼尔把自己的想法说给父亲听，尼尔办不到。尼尔瞒着父亲参加了学校戏剧团的演出，父亲意外出现，冰冷地拽走了尼尔，还严肃地说要把尼尔转送军校。尼尔一声大叫，然后独自说：“我演得真好。”

最后一堂课，一个戏剧爱好者，一个诗人，一个学生，一个活生生的灵魂死了。无奈的尼尔最终拿起了父亲书桌里的手枪，指向了自己……托德的难以置信，在白雪皑皑的雪地中，托德不断奔跑却又不断摔倒，还有他那撕心裂肺的哀嚎，他无法理解这一切，他无法原谅这一切。当七个男孩中唯一一个依然严谨、依然只懂得明哲保身的卡梅伦报告了学校关于基丁老师鼓励他们组织死亡诗社之后，基丁只能选择离开。忍无可忍的查理在揍了卡梅隆一拳后也被学校开除。可在他身后一个接一个的灵魂站了起来。即使是校长也不能把这些孩子从课桌上拉下来，他们独立、骄傲、自信。他们反复吟唱着惠特曼的诗句：“啊，船长，我的船长。”面对这个世界，他们做了第一次发自内心的选择，一个愿意承担后果的选择。基丁最后的笑容是对他们最好的鼓励了，他们已经长大，已经独立了，他们已经学会怎样在这个世界和自己的梦想一起生存了。

【案例分析】

于理性之逻辑中闪烁着浪漫之激情的因子，这样形容基丁老师是无可非议的，他的确是这样一个老师。从第一节课那句“哦，船长，我的船长”开始，主讲诗歌的基丁老师就用一种其独特的教学逻辑引导学生感悟诗歌意

境、叩问诗人心灵、抒发自我感慨。基丁老师对诗歌有深刻的理解，他懂得诗意来自机体的敏感性、巨大的愿望、强烈的情绪。所以我们总能在基丁老师看似乱套的教学过程中看到一个“太极”——相辅相成的教学逻辑与教学激情。我们不用去议论影片本身，因为即使影片本身也承认其优秀教师的地位，即使结尾不那么如我们所愿。“哦，船长，我的船长。”优秀之教师如此。

【案例2】　　电影《死亡诗社》之感悟二①

教师的激情很难描述，但还是可以在教育小说或教育电影中感受到教师的激情以及这种激情所蕴涵的教育力量。我们推荐的教育电影是《死亡诗社》。

基丁（Keating）老师吹着口哨走进教室，教室静悄悄的，他转了一圈，叫学生到另外一间教室。基丁老师开始介绍自己，他对学生说：“如果大胆的话，你们可以叫我船长。”

学生开始在基丁老师的指导下学会如何选择自己的人生。电影的矛盾冲突于是凸显出来：代表权威的学校、校董、家长和代表自由与激情的基丁老师生活在两个截然不同的世界，一个是象征着束缚和压抑的现实世界，另一个是体现了自由和激情的梦想的世界，而基丁就是这两个世界的联系点。

基丁老师是有激情的老师，他即使在黑板上画一根线条，也是动用整个身体的力量，他把整个情感投入到课堂。

基丁老师在上课的时候让学生撕掉课本的前言。学校的副校长冲进教室干涉。

基丁老师忽然跳到讲桌上，他说：换一个角度，看到的世界就与众不同。他建议学生也站到讲台上看看。他建议学生冲出来，不要生活在平静的绝望中。

基丁老师让学生写诗，他让那个一直沉默、自卑、失语的学生安德森发出他的声音。安德森在基丁老师的激励下大声咆哮，后来竟然现场创作一首诗，令所有同学刮目相看。

基丁带学生去踢足球，每个学生在踢球之前必须大声喊出自己的誓言，比如“我要做生活的主宰，不是奴隶”、“我要做真正的上帝”……

---

① 林仕彬，刘良华．死亡诗社：教育电影叙事研究．［2006-7-18］http：//blog.cersp.com/18893/84865.aspx.

基丁和学生一起踢足球，学生们在狂欢的现场，把基丁高高地抬起来、举起来。

基丁让学生按照自己的方式自由地走路，他引用美国诗人弗洛斯特的诗句说：“两条路在树林里分岔，我选择走的人少的那一条。”

学生尼尔死了。基丁被辞退。

基丁走进教室。他是在离开威尔顿之前来取一些放在这里的私人物件的。基丁拿完物品缓缓地向教室门口走去，突然那个曾经最胆小、懦弱，只会发奋学习、沉默少语的托德在影片的最后一刻终于无法抑制地爆发了，他大声地向基丁喊道：“老师，是他们逼我在材料上签字的。请相信我！”他站到桌子上朗诵诗句：“O，Captain！My Captain！”孩子们一个接着一个站到了课桌上，庄重地注视着他们所热爱的教师。基丁表达他的感谢，缓缓地走出教室。

【案例感悟】

教师以自己的精神气质感染学生。不要忘记了教师的“传道”的责任，教师是学生的精神布道者。在一个全民关注“高考”的年代，知识学习自然而然会成为学校教育的首要任务。但是，过于重视“知识学习”而忽视学生人格培育的教育将使学生的成长付出沉重的代价。表面看来，培育学生的“道德”、“意志力”以及相关的“情感”、“态度”、“价值观”不是哪一个具体的教师的责任，也不是哪一节具体的课堂教学的责任。但是，如果教师因此而放弃了自己“传道”的使命，学校教育就会制造出一批又一批有人格缺陷的毕业生。如果学校一直冷漠地制造有人格缺陷的毕业生，“社会拒绝使用学校的毕业生”就有了新的意义。

2. 有效教师的职业道德

教师职业道德，简称师德，是指教师在从事教育劳动过程中形成的比较稳定的道德观念、行为规范和道德品质的总和，它是调节教师与他人、教师与集体及社会相互关系的行为准则，是一定社会或阶级对教师职业行为的基本要求，而热爱学生是教师职业道德的基本内容，爱岗敬业、教书育人、为人师表是教师职业道德的核心内容。

教师工作的手段是授业，目的和结果是传道、育人。教师通过教育内容育人，而其自身的作为也时刻影响着学生，陶冶学生。因此，教师必须清楚并能自觉地贯彻本领域的伦理规范。有效教师要具备高尚的职业道德。

一、教育爱——热爱学生的教师的共同特质

一切成功的教育都是和谐的爱的教育，没有爱就没有教育，爱是教育的前提。教师对学生的爱，简称为“师爱”。师德是教师素质的灵魂，师爱是师德的灵魂，是教师魂中之魂。师爱是双向交流，动情效应。爱生是教师与学生心理和谐共振的过程。所谓的“亲其师”，随之而来的就是“信其道”。教师的教育影响很容易被学生同化，教师的要求学生心甘情愿地接受，教育的目标也正是在这种双向交流的过程中得以实现。

1. 心地善良、真诚正直——师爱的源泉

我坚信“好人才会是好老师”。常言道：“好人才会有好舌头。”心地善良的老师面对学生的毛病和错误，不会挖苦、讽刺、歧视学生，不会体罚或变相体罚学生，杜绝一切有辱学生人格尊严的行为。她体恤学生成长路上的闪失与不足，她善解人意，耐心引导，等待学生的变化。她的眼神是和善、慈爱的，她的笑容是和蔼、明快的，她的声音是亲切、暖人的。和这样的老师在一起，你会在不知不觉中就按照她说的话去想、去做，你甘心情愿地做了她的“俘虏”，可是，你却不感到改掉自己的坏毛病有多难。据有关调查表明，喜欢渊博知识型老师的学生占31％；而喜欢具有师爱型的学生达到53％，他们希望自己的老师温和、可亲，具有爱心。由此可见，在学生们的心中，一个富于爱心的老师远比一个知识渊博的老师更具魅力。

【案例 1】 **丑女孩的笑容**[1]

班里转来了一位女同学。她走进教室的时候，同学们先是惊讶得面面相觑，而后捂住嘴埋下头嗤嗤地笑了起来。因为那女孩只有几绺稀疏的头发，女孩惨白的脸，像只受惊的小鹿，手足无措地找到自己的座位。接下来的几天，一些同学把这个“丑”女孩当作了笑谈的资料。老师看在眼里，记在心上。老师通过主动与女孩接触，发现这个女孩不仅心地善良，而且手特别巧。女孩是因为生过一场大病才变成这样的，她的父亲也离家出走了。后来，老师通过让女孩办黑板报，让大家见识了她漂亮的美术字和潇洒的图案设计；通过手工比赛，让同学发现了她精美的剪纸艺术；通过主题班会，引导同学理解什么是真正的关怀的价值。渐渐地，同学们都喜欢上了这个“丑”女孩，而且发现女孩原来有一双很大很美的眼睛。女孩的脸上从此有了快乐、自信的笑容。

【案例感悟】

在“爱”的字典里，“平等尊重”是最核心的内容。而一颗平等的善待孩子的心源于人性深处的厚德。我们为这个相貌不扬的孩子能够遇到这样的老师感到高兴。每个孩子都是上帝赐予我们的礼物，赐予每个家庭、学校和社会的礼物。教师应该以这种心态来理解每一个孩子，善于发现每个孩子的优点，帮助他们树立自尊和自信，帮助他们融入群体生活。这是为人师，最重要的品德和职责。

【案例 2】 **我认为的“狠人”**[2]

上小学一二年级时，父母的话可以不听，老师的话却是至高无上的“圣旨”。老师最“狠”的一招儿就是叫学生带家长。

上了初中，就有点“油条”了。我时常因打骂同学被老师带到办公室处理，当着老师的面我痛哭流涕地忏悔，可一出了老师办公室就一路蹦蹦跳跳，伸舌眨眼。有时老师实在气急了，就对我实施体罚，鼻子贴着墙壁站着，一站就是十几分钟，搞得我在同学们面前挺没面子。我不甘心被整，就写了一封匿名信，夹在老师的教本里，上书：“老师，我妈说我这几天鼻子扁了，请别再罚我站了。”

---

① hi. baidu. com/qzmhlhj/blog/item/cad08ff719 语文乐园。

② 齐齐哈尔大学思政专业学生作业案例。

再一次的罚站，老师果然没有让我鼻子贴着墙壁站着，这回老师让我背靠墙站着，说："这下你就不会有驼背的机会了……"

【案例 3】　　老师的一句话，会影响孩子的一生①

小学的时候，功课比较少，凭咱聪明的脑瓜，在班里考个名列前茅是不成问题的。进入初中以后，我继承了小学的优良传统，光玩，不做作业。那时功课多了，有了英语。也知道英语很重要，可就是管不住自己，下课就到外面疯，第一次英语单元测试考了 56 分。咱一看，坏了，得好好学，这样不行，以前哪们功课掉下过 90 分！后来成绩逐渐提高到了八九十分。但有时也经常完不成老师布置的作业。

升入初二以后，换了个英语老师，她留在我们记忆里的就是能骂。有一次上课检查听写，我有幸被老师叫到了黑板上听写。恰好那次我只是浏览了几遍单词，没进行深入的记忆。听写了十个单词，我写的只是样子有点像，一个也没对。她让我回到座位上站着，说："你连我儿子×××都不如！"她儿子那时刚会说话，她是刚歇完产假来上班的。听了这句话，我自尊心受到了极大的伤害，心想，我十几岁的人了，还不如一个刚会说话的小孩子，我一定要背会这些单词！于是我就站在那里（咱不是不想坐下，老师不让啊）拿笔在课桌上写那些单词，老师在讲台上评点我们听写的单词，我一点也没听进去。因为心里非常气愤，手只是神经质地在胡画，单词还是没背过。可能老师见我那样子也非常生气，从讲台上三步并做两步冲到我身边，夺过我手中的圆珠笔扬手扔到了教室门外的走廊里，还把我戴的帽子扔到了地上。这是我学生时代受到的最大"礼遇"，它在我心里一直萦绕到现在。从那以后，我一上英语课就反感。因为我不愿上英语，也害怕上英语，见了那个英语老师，头总是低到胸前，上课不敢看她的眼睛，更害怕叫我起来回答问题，走在校园里碰到她我会绕道而行。英语成绩自然越来越差，家里也很着急，请了许多考上大学的亲戚给我辅导，可我只要一学英语脑子就会感到一片空白，什么也听不进去。考高中的时候，我英语考 61 分。

【案例 4】　　"高才生"的悲剧②

在我们学习音乐的道路上发生了很多事情，它改变了我和身边的人。我们所在的高中虽然有音乐老师，但他们的教学水平不高，我和两个同学就选

---

① 齐齐哈尔大学音乐学院学生作业案例。

② 齐齐哈尔大学音乐学院学生作业案例。

择去济南找老师上课，当时陆老师极力反对，可我们毅然决然地去了。我们在济南找到了好的古筝老师，我们的水平得到了很好的提高，但我们的视唱水平没有很好的进步，就因为这个改变了我的同学。

我在济南刚刚待了不到两个月，就因为有事回了学校。我们回去的第二天就有一节音乐课，上课时陆老师先是指桑骂槐地说了我们三个，然后故意难为我们。

陆老师："同学们下面这首歌？先由音乐生唱一下谱。"

"找谁呢？"

"先由我的学生唱。"

"再叫一个济南回来的高材生唱。"

两个人唱完后，他先是对所谓他的学生一顿夸，然后对我的那个一起在济南学习的女生进行贬低，在全班 50 人面前，老师对她不停的"攻击"，说着那些伤人的话。她低着头，脸通红，眼泪不停地滴下来。

从那以后，她视唱就没好过。因为视唱的原因，失去了上大学的机会。

2. 理解童心、呵护体贴——像呵护羞涩的玫瑰花上的露珠那样去呵护孩子幼小的心灵

观察学生、了解学生、理解学生、帮助学生、成全学生。

热爱学生的教师善于把握教育时机，走进学生的心灵世界，了解学生在想什么。因为理解学生的前提是了解学生。爱每一个学生就要了解每一个学生，了解他们的爱好、才能、了解他们的个性特点、了解他们的精神世界。只有了解每个学生的特点，才能引导他们成为有个性、有志向、有智慧的完整人。苏霍姆林斯基说得好，"不了解学生、不了解他的智力发展，他的思想、兴趣、爱好、才能、禀赋、倾向，就谈不上教育。"了解学生是爱学生的具体表现。沟通得以有效需要相互理解、相互体恤、相互敬重，进而达到相互欣赏，让学生、教师讲自己的想法、做法、困惑与解决的办法。

【案例 1】　　可怕的标签①

一次，笔者去一所小学听数学课。教师的角落里，一个小姑娘独自一人一桌，于是我坐到了她的旁边。看见她的课本很新，就问她："你一直这么爱惜书本吗？"她抬起头朝我羞涩地笑了笑："我表妹也要上学，我留给她

① 魏薇，王红艳. 中外育经典案例评析［M］. 济南：山东人民出版社，2005.

看。要是我写上东西，她就……”我看着小姑娘澄澈的眼睛，笑了。这时老师让学生做练习，我发现她怎么也不会做，只会把竖式写在本子上，老师显然没注意到她。我俯下身子轻声教她，前面一个小男孩回过头说：“老师，不用教她，她是弱智！”“你教她，她也不会，她数学只能考5分！”再看这孩子，竟是一脸的漠然。下课后笔者询问那位数学老师，老师漫不经心地说：“她是个弱智，什么也学不会。考试时会在试卷上写得满满的，但和标准答案一点不符合。”

【案例感悟】

“弱智”，多么可怕的字眼！老师、同学每个人都这么认为。这么说，可怜的小姑娘，有着善良心的孩子，竟也学会了漠然视之，这不可怕吗？每个孩子都是怀着好好学习的真诚愿望进入学校的，可是，为什么几个月，甚至几个星期后，学习就成为某些孩子哭闹的事情？就因为我们已经习惯了把分数当作惩罚的武器来对待那些“学习困难”的孩子。5分、10分，对于一年级的孩子来说，就等于宣判了他班级中的地位，宣判了它的“差生”身份，这也意味着从一年开始他就要带着这个耻辱的烙印一直走下去。在老师的冷落里，在一次次低分的打击下，在同学的耻笑中，一个原本活泼灿烂、充满希望的孩子就可能这样日渐消沉。久而久之，连他自己也认为自己是“傻瓜”，是“笨蛋”了。一个人就这样没有了做人的尊严，还有什么比这更悲哀的呢？教师的冷漠，对幼小的心灵的伤害是难以平复的。教师对学生的敌视，没有人性和人道，何谈教育的价值。教育获得成效的秘密武器就是“尊重课堂内的每一个学生”。

【案例2】　只因一首歌①

这是发生在我身边的真实案例。

他和我是初中的同学，性格开朗，就是不太爱学习，比较调皮。有一次课间，他给我们大家唱歌，就在这时，老师进班级了，恰巧他唱的这句歌词的谐音和老师的名字很像，大家都笑了，老师就误以为他在用老师的名字编歌词唱，也不听他的解释，狠狠地打了他无数个耳光……

从那天以后，他变得寡言少语，再也找不到他从前的影子了。一次，他和我说，他怎么忘不了那天老师打他的情形，那天，老师严重地挫伤了他的

---

① 齐齐哈尔大学音乐学院学生作业案例。

自尊心。所以在学校里，他看见同学们就觉得不自然，看见老师也害怕……没多久，他就辍学了……

3. 尊重信任——培养具有独立人格的人

了解学生的个性，尊重学生的人格，相信学生，这才是关心学生的真正内涵。离开了尊重信任学生，同样也谈不上教育。因为每一位学生都渴望得到他人的理解和尊重，尤其是教师的理解和尊重。构建民主、平等、和谐的新型师生关系，促进学生全面、主动、健康发展。

如何在课堂上营造“心灵自由”与“心灵安全”的氛围？有个女生讲，在中学时，她的一名老师因一个学生的小毛病批评了全班学生。

“心灵自由”与“心灵安全”是创新思维得以进行，创新成果得以形成的两个心理条件。要让学生获得“心灵自由”与“心灵安全”，首先要消除学生的“胆怯”，要学生有一种创造的自信。要让学生获得自信，教师应有一种民主的气度，尊重学生与众不同的疑问与观念。

【案例1】　一颗纯洁的童心 ①

他是办公室里的常客，常常被老师狠狠地呵斥。那个时候的他像一只可怜的小鸡，缩着肩，满脸的眼泪和鼻涕。有一次，他弯着腰伏在办公桌上补作业，头低得快触到作业本了。“坐下来写吧，这儿没有老师坐。”我指着他身边的空椅子说。他摇摇头，一两个小时，就那么弯着腰趴在桌上写字。我几次让他坐下来，可他始终没有。下课时，他一个人站在教室的走廊里，靠着墙，专注地看着别的学生跳皮筋、扔沙包，脸上挂着满足的微笑。我想，对他来说，尽管没有人陪他玩，但没有了老师的训斥，下课时间也就是难得的幸福了。“这家伙笨得很，也不求上进，不用理他！”别的老师这么对我说，我也渐渐得到了验证。比如说，在我的课上，只有他从不带音乐课本（后来才知道他把书丢了），也只有他始终不会吹竖笛（尽管我多次单独辅导）。有一天，我忍无可忍地把他推到音乐教室的角落里。下课了，别的学生早跑出去玩了，他仍孤零零地站在那里，竟不敢走。时间一长，我对他渐渐失去了仅有的一点爱心和耐心，我再不会因为看见他被老师责骂、弯着腰写字而莫名伤感了。

直到期中考试的前一天，我中午走进教室，学生们都在认真地复习，只

① 管文锦．一颗纯洁的童心［J］．人民教育，2004（20）．

有他的座位空着。“他到哪里去了？”我问。学生们茫然地摇摇头，不会是逃学了吧，我急忙出门去找。这时候，我看到了让我震撼的一幕——远远地，他正抱着粗大的纯净水桶，踉踉跄跄地过来了。我跑过去责问道：“干吗不让教工来换水？”他小脸涨红，像犯了错似的，嗫嚅道：“我看他很忙……”“刚吃过饭，不能搬这么重的东西，知道吗？”我一边说着，一边抱起水桶。天！好沉啊，不知道他怎么从那么远的储藏室搬过来的。回到教室，他熟练地帮我装好水桶。“平时都是你换的水吗？”我问。“不是，有几次是看门爷爷换的。”他低声地说。我的眼睛湿润了，只觉得眼前这个脏兮兮的孩子是那么可爱！

那天以后，每节音乐课上，我都把自己的书借给他，而他总是一副受宠若惊的样子。下课时，他会一脸虔诚地把书还给我，书崭新笔挺的，没有一个折角，看得出来他是多么小心爱惜。

我想，每个孩子都是向善的，每个孩子都渴望得到关注。也许他永远达不到我们眼里的“优秀”，但只要给他尊重和信任，他也会和别的孩子一样快乐地成长，而不是畏首畏尾，卑微地长大。他有一颗多么纯洁的心灵，我们为什么总感觉不到呢？

【案例感悟】

看到这个故事让我很心酸。敬畏生命的老师便能接受学生的差异，包括宽容孩子的不足和帮助他上进。这样的老师对学生会有耐心和热心，也容易发现孩子身上早已存在和发展着的美好潜能和品质，给他们幸福完整的学校生活过程。

苏霍姆林斯基说“要使每个学生在学校里能够抬起头来走路。”了解学生才能理解学生，理解学生才能真正尊重学生。处于弱势的孩子，似乎卑微、怯懦，但他们大都是善良的。如果教师能关注他们的善良，尊重信任他们，他们也会快乐成长。他们不是分数上“优秀生”，但他们有权利拥有快乐的童年。育人之道，爱心为先。只有当教师用赤诚的真心去爱每一位学生时，才会消除“火暴”、减少“急躁”，避免疾风暴雨般的“训斥”，以“温柔”的方式去开启和诱导他们，获得最佳的教育效果。让每个生命都得到关怀吧！让每个生命发出更大的光亮！

【案例 2】　　　　　　　第六枚戒指①

那是在美国经济大萧条时期，有一位姑娘好不容易才找到了一份在高级珠宝店当售货员的工作。在圣诞节的前一天，店里来了一个 30 岁左右的顾客，他衣着破旧，满脸哀愁，用一种不可企及的目光，盯着那些高级首饰。

姑娘去接电话，一不小心把一个碟子碰翻，六枚精美绝伦的戒指落到地上。她慌忙去捡，却只捡到了 5 枚，第 6 枚戒指怎么也找不着。这时，她看到那个 30 岁左右的男子正向门口走去，顿时意识到戒指被他拿去了。当男子的手将要触及门把手时，她柔声叫到："对不起，先生！"

那男子转过身来，两人相视无言，足有几十秒。

"什么事？"男人问，脸上的肌肉在抽搐，再次问，"什么事？"

"先生，这是我头一回工作，现在找个工作很难，想必您也深有体会，是不是？"姑娘神色黯然地说。

男子久久地审视着她，终于一丝微笑浮现在他的脸上。他说："是的，确实如此。但是我能肯定，你在这里会干得不错。我可以为你祝福吗？"他向前一步，把手伸给姑娘。

"谢谢你的祝福。"姑娘也伸出手，两只手紧紧握在一起，姑娘用十分柔和的声音说："我也祝你好运！"

男子转过身，走向门口。姑娘目送他的背影消失在门外，转身走到柜台，把手中的第 6 枚戒指放回原处。

【案例感悟】

使他保住面子，这是多么重要，多么多么的重要啊！而我们的教育教学中却极少有人能够想到这一点。我们无情地蹂躏学生的感情，为所欲为，挑差错，发出威胁，当着别人的面批评一个孩子，而不考虑对别人自尊的伤害。然而，几分钟的思考、一两句体贴的话、对对方态度的宽容，对于减少这种伤害都大有帮助。

假使我们是对的，别人绝对是错的，我们也会因为使学生失去颜面而毁了他的自尊。法国传奇性飞行先锋和作家安东安娜曾说过："伤害人的自尊是一种罪。"

"难教的儿童"，这是苏霍姆林斯基对"后进生"的称谓。

在教书育人的过程中，批评本来是用以鼓励人、劝导人的。然而有些教

---

① wenku. baidu. com/view/7b2fe14f767f5acfa1c7

师说出的话往往与预期的效果相差甚远。一个重要的原因是，批评者说话不够宽容、温和。温和就是注重情感的真挚，用和风细雨般的语言对学生讲话。赞扬时温文尔雅，不尽欲言；批评时重在提醒规劝，促人自省。它的主要特点是“绵里藏针”，以柔克刚，具有阴柔之美。教育的本质就是关心人，促进人的成长。温和的口语风格，有如春风化雨，“润物细无声”，是最能深刻彰显教育的本质，在我看来都不是一种要求很高的技术或能力。实际上，它只是教育者应有的一种情怀，它当然可以体现在一些做法（语气、表情、动作等）上，但首先它不是一种技巧，而是一种情怀——教育学生，心要蹲下来。

4. 平等公正——用平等的心灵与学生交流思想感情，平等地对待每一个学生，给所有学生平等的机会

关心爱护全体学生，一视同仁。不唯分数论素质，不唯喜欢论好恶，不唯家境论高低。也注意角落里不爱发言、不主动思考的学生。

对学生既严格要求，又因材施教。对程度、水平不同的学生，采取不同的教育方法。特别是对学习处于暂时困难中的学生，给予更多的关心，不让一个学生掉队，尽最大的努力使他们健康成长。教师的为师之道就是要求把学生当作平等的人，堪与尊敬的人，而不是把学生当作下级，当作可以随意训斥的无知小儿。将神圣的师爱均匀地洒向每个学生。享受教师的爱，是每个学生的需要，也是每个学生的权利，

教师的公正是教师在教育活动中对待不同利益关系时所表现出来的公平和正义。公正地对待学生是教师公正的重点。在一个群体中，总有优中差，假如教师不能做到公正、偏爱优生、歧视差生，就往往会造成教育教学秩序的混乱，不利于正常教育活动的开展，教师的公正决定着教师在学生中的威信，学生对教师公正的期望值相当高。教师公正与否与教师在学生心目中的形象息息相关。

教师的公正可以促进良好班集体的形成，有利于调动全体学生学习的积极性。教师的不公正会使学生怀疑公正的合理性，而公正本身就是道德教育的重要内涵。教师长时期的不公正必将对学生的道德成长产生影响。教师的公正是教育公正的核心，教育公正是社会公正的重要组成部分。所以教师公正，可为实现社会公正作贡献。

【案例1】　两个熊猫玩具[①]

顾明远在《顾明远教育口述史》一书中讲到一件事，在美国盐湖城召开冬奥会期间，我国奥运会代表团参观一所学校时，带去了两个熊猫玩具。团长对校长说，一个送给你们学校最优秀的男生，一个送给你们学校最优秀的女生。这下可难为了校长。校长说，我们学校各个学生都是优秀的，没有最优秀的。有的学生学习优秀，有的学生运动优秀，有的学生做义工优秀。最后校长只好把两个熊猫玩具陈列在学校的展览柜里，写上"送给最优秀的学生们！"供所有学生欣赏。

【案例感悟】

他们的教育也许有的方面不如中国，但平等地对待每个学生这一点，不是值得我们借鉴吗？相信每个学生都能成才，我们面对的是每一个学生，而不是一部分学生。

教师公正的内容包括要平等对待学生、爱护偏弱的学生、一视同仁、实事求是、赏罚分明、因材施教。而把学生分成三六九等就是对学生的一种伤害。学生的心理是非常脆弱的，需要老师的悉心呵护。因此首先要帮助学生树立自信心，使他们能在成长的路上克服种种困难，勇往直前，这才是最重要的。

【案例2】　我们的课堂缺少什么？[②]

为了对付调皮淘气、影响课堂纪律的学生，一些学校的老师会在教室单独设置几个特殊的座位让这些学生坐，这样的座位被称作"红椅子"。记者在学校随机问了几名学生，他们都说："那位置是为'捣蛋鬼'专门设置的。"记者问："你们坐过'红椅子'吗?"其中一个小女孩指着身边的小男孩说；"他坐过，我才不会去坐呢！"记者追问："为什么?"这个小女孩说："坐'红椅子'，那多不光彩。"该校校长对此解释说："我们不能因为一个学生影响整个班级的教学任务和教学质量。"

【案例分析】

课堂是师生一段共同的生命历程，然而许多教师在教育实践中似乎忽略了这些。在课堂教学评价与管理中，许多人还是更多地关注教师怎么讲得清

---

① 顾明远口述，李敏谊整理．顾明远教育口述史［M］．北京：北京师范大学出版社，2007．

② 吴小鸥．论关怀型课堂［J］．江西教育科研，2005（11）．

楚，怎么展示得好，怎么能表现出他的各种才华。如果我们让学生在“歧视性”的座位上渡过他的课堂生活，课堂充斥着偏见、权威和控制，或者在课堂上对学生漠不关心，怎么能让学生体会到关怀和爱呢？又怎么能培养出人格健全的学生呢？教育实践已走入困境，课堂已陷入困境。

【案例 3】　　或许因为我是班长①

或许是因为我是班长，或许因为我成绩好，使得我在老师们眼中总是最值得信任的。这事发生在小学三年级，但是至今我依然忘不了。那天的课上，老师沉浸在自己的讲课中，而我，觉得如此课堂实在无聊，心也早就不在课堂上。游神的我不经意间拿起了笔盖，放在嘴边，稍用力一吹，笔盖竟然像哨子一样响了起来，那响声把所有人的注意力都转移到了我这边，但是或许大家都不知道那响声是我还是我的同桌——所有人眼中的坏学生干的，这时老师怒气冲冲地向我这边走来，问：“谁干的?”我愣了愣说：“不是我。”老师转向我同桌说：“一看就知道是你干的!”“不是我。”同桌反驳。“还说不是!”说完，老师扬起手向同桌脸上打去，我不清楚老师打了同桌多少掌，踢了多少脚，而我也逃过了一“劫”。如今，我还一直为此事惭愧。记得四年级同桌就退学了，我想当时的情况老师要想弄清是谁干的坏事很简单，或者因为我平时在老师眼里一直是个好学生，好班干，不可能干出那样的事。

【案例 4】　　“我跟老师打招呼，老师不理我!”②　　张　晖

晨会课上，我与学生讨论“怎样做一个有礼貌的人”。学生各抒己见，提了很多建议。我点头肯定了他们的观点。我微笑着总结：“同学们都说得很好，老师知道你们都是有礼貌的好孩子。从现在开始，从你们与老师的问候开始，我们一起努力!”这时，我班的杨阳同学站起来，看上去有些激动，认真地说：“张老师，我们每天跟老师打招呼，很多老师都不理我们的。”“哎，是的。”有不少学生附和着。他们肯定与杨阳有过同样的冷遇。

听着孩子的话，我的心猛地一颤。是啊，我们每天进校时，孩子们见了我们就热情地跟我们打招呼。我们呢，是无暇顾及呢？还是不屑一顾呢？总是习惯地骑着车子径直冲到了校内，忽视了回应孩子甜甜的问候。孰不知，孩子们会怎么想，会有怎样的感受？

---

① 齐齐哈尔大学学生作业案例。

② Bht. yn. gov. cn 张晖。

最近我看到一项调查，结果显示：98.6%的学生见到老师能主动问好或打招呼，而只有不到9%的老师主动跟学生问好或打招呼。面对98.6%和9%这样悬殊的数字，不能不引起我们的深思和警醒。

师生关系是一种非常独特的人际关系，教师的行为有时会影响学生的一生。教师应该平等、友好地对待每一位学生，自觉地去尊重每一位学生。教师应更多地关注学生的内心情感体验，注意在一些生活细节上与学生进行心与心的沟通，关怀备至、小心翼翼地去触及那些稚嫩的心灵。

第二天早晨，我骑车到校门口看见值日的学生齐刷刷地站在大门两边。他们正等着向我问好呢。我赶紧下了车，推车进入校园。孩子们端端正正地给我行了个队礼，甜甜地问了声："老师早！"我冲他们点点头，微笑着回敬了一句："你们早！"这本来微不足道的颔首一句话，竟然会让学生们很感动。他们冲我一个劲儿地笑。有个小女孩凑近同伴的耳旁说："老师跟我们问好呢！"我从孩子们那一张张笑靥如花的小脸上，读出了他们的幸福与满足。看着孩子们，一种愧疚油然升起：孩子，老师太大意了。

从此，我见到学生都要主动地与他们问好，因为我想留住美好，留住幸福。

【案例感悟】

同学们问张老师"老师早"，张老师回敬学生"同学早"，使张张笑靥如花的小脸上，充满了"幸福与满足"，正是"平等、友好、互相尊敬"的良性效应。从某种角度上说，这不正是"身教重于言教"这一至理名言的写照吗？

的确像张老师所说的"教育，不能忽视细节"。习以为常的现象，暴露出了深刻的问题。一些教师对学生"打招呼"的冷漠，实质上是对学生人格的不尊重。教师应该平等、友好地对待每一位学生，自觉地去尊重每一位学生。教师应更多地关注学生的内心情感体验，注意在一些生活细节上与学生进行心与心的沟通，关怀备至、小心翼翼地去触及那些稚嫩的心灵。张老师的认识是深刻的，体现了教育者应有的教育理念和热爱学生的情感。让主动问好成为习惯，因为"平等、友好、互敬互爱"的师生关系从来都体现在一点一滴的校园生活中。"教育，不能忽视细节。教师本来就是在学生心尖上行走的人，稍有不慎，便会贻误一颗心，一个生命。关注每一个细节，就是关爱每一个生命。关注细节，研究细节，善待细节，我们才能将教育做到极致。"张晖老师道出了我们共同的心声。

5. 包容耐心——“允许蝌蚪的存在，才有夏夜的蛙声。”

有一首小诗这样写道：“学会宽容/也学会爱/不要听信/青蛙们嘲笑/蝌蚪/那又黑又长的尾巴……/允许蝌蚪的存在/才会有夏夜的蛙声。”

教育有什么神秘的吗？其实教育也很简单，“一腔真爱，一份宽容”，如此而已。宽容，《现代汉语词典》解释为宽大有气量，不计较或追究。对孩子的教育要多一点宽容，少一点指责，要多看到孩子的长处，少挖一些短处。

宽容是一种爱。宽容的前提是对那些可宽容的人或事，宽容的核心是爱。

包容的教师心胸开阔，善解人意，对学生采取宽容的态度。他严而有度，不是一味批评指责，更不会体罚或变相体罚。坚持以学生发展为本的理念，对学生严慈相济，做学生良师益友。保护学生安全，关心学生健康，维护学生权益。

【案例 1】　　“老师，我们真的是闹着玩的！”①

山东高密高中高二教室前面长着十几棵枝繁叶茂的核桃树，正处在盛果期，每年夏天，树枝上都是硕果累累。这既是学校的自豪，又是学校的心病。

一个中午，高二（2）班的体育委员刘振宇玩了个“戏法”，他只不过从教室里隔窗掷出一块石头，核桃就“劈里啪啦”落了一大片。真不愧为“三铁”冠军，也巧，刚好我们的副校长从树下经过，顺藤摸瓜，抓住了“作案者”。刘振宇被副校长带到教导处，坐在我对面的桌子上写检查，挖思想根源。

我见他半天不动笔，脸上全然没有“狠斗‘私’字一闪念”的意思，就很严肃地与他交了底：写不出检查，学校是不会让你轻易过关的。这话倒挺奏效，刘振宇很快就交上了一张字写得大大的检查，但全篇没有一句深刻的检讨，说来说去，只是“打着玩”罢了。

这张检讨书让我们很生气。大家一致决定，“杀一儆百”，让刘振宇在全校大会上作检讨。

检讨大会开得有些失败，因为刘振宇检讨的声音被近千名同学的闹哄声

---

① 李希贵. 为了自由呼吸的教育[M]. 北京：高等教育出版社，2005.

淹没了。而且，十分钟的检讨，就有五次集体鼓倒掌起哄。看来，有时“杀一”并不能“儆百”。后来，一位体育老师悄悄告诉我，其实，刘振宇是一位挺好的学生，他品学兼优，体育成绩尤其好，打核桃的事虽不能是“闹着玩的”，但肯定不是品质问题，让他到全校大会上作检讨，是不是有些太过分、太伤他的自尊了？

事过境迁，20 多年过去了，那位打核桃的男孩当上了一个乡镇的党委书记。有一天见了我，半玩笑半认真地说：“老师，打核桃的事，我们真的是闹着玩的。因为他们几个不服气我的枪法，跟我打赌，我想挣四两白馒头吃。”

虽然事情已经过去 20 多年了，但这话还是给我很大的触动。

他们真的是闹着玩的！但我们的老师却总不肯跟孩子们“闹着玩”，我们有时实在是太“认真”了！我们总是把孩子视为成人，站在成人的立场上审视孩子类似“闹着玩”的错误，结果就是“上纲上线”，就是道德品质上的大是大非问题。其实，学生成长道路上的错误，就像学习走路的幼儿跌跟头，绝大部分和道德品质并没有多大关系。

认识到这一点，我们才能给予孩子一份成长中特别需要的宽容。

【案例感悟】

这是李希贵老师在山东高密一所中学做教导主任时发生的一件事，对他的触动极大。他在管理学校时，向老师们建议，对待学生出现的一些小问题、小差错先放一放，不要小题大做，上纲上线，急于一锤定音。作为班主任，把每周五定为道歉日（师生共同），把每月的第一周定为宽恕日，借此进行反省、交流，缓解矛盾，进而化干戈为玉帛。是呀，为师之道贵在宽容。有时候一点点小事，可能我们老师太小题大做了。写错一个字，做错一道题，就把学生批评得体无完肤，抬不起头来；迟到一回，就能训得老师自己都头晕眼花、血压升高……爱动爱玩是小孩子的天性，要让他像大人一样不吵不闹，那怎么可能呢？只要跟他讲清道理，他一定能慢慢改正的。作为教师，一定要坚信我们的学生是可以教育好的，只是一时的顽皮而已。让我们以师爱包容学生的一切，爱是永远的包容。泰戈尔说得好：“我们把世界看错了，却反而说世界欺骗了我们。同样，我们把孩子看错了，却总在埋怨孩子越来越不尽如人意。”泰戈尔以一颗伟大的灵魂包容了世界，我们为什么不能以宽大的胸怀接纳孩子，用心灵与他们对话，呵护他们成长路上的磕磕绊绊呢。

【案例 2】　　“插嘴”也是权益[①]　杨晓玲

记得刚接一年级新班不久，我班将在全市“快乐数学”观摩活动中，上“游乐场”一课。当时听课的教师很多，虽然心情有些紧张，但精心的准备使这节课上得很顺利。然而，就在我提出“要想把这20元钱正好花完，哪种方法最简便”这个问题时，中队长彤彤轻轻地举起右手，有条不紊地说：“玩两次10元的游戏就正好把20元钱花完。”我便即时鼓励到：“你真聪明！玩了两次就正好把20元花完，很简单！”“请坐”的话音还未落，我班一贯多话、好动的方任达立刻站起来：“玩15元和5元的游戏也正好把20元花完！”栾健也不耐烦地一边伸长胳膊一边说：“我、我、我也知道，玩4次5元的游戏也可以。”其他同学也在下面叽叽喳喳地自由回答。此时课堂秩序有些混乱，我很生气，真想大喊一声：“都快坐下，要发言，先举手，没有让你发言不要随便插话。”但还是按捺住心中的怒火，委婉地说：“同学们都很聪明，但要守纪律，老师允许你说，你再发言好吗?”同学们齐声说：“好！”课堂又恢复了平静，也按我的设想顺利地完成了本节课的教学。可是回去之后，我便没有饶过这几个在这种大场合还敢“闹事”的小捣蛋，当着全班同学的面一顿训斥之后，他们向我保证今后再也不敢随便插话了，否则回报家长要接受更加严厉的批评。

虽然我觉得此事解决得很妥当，既让他们知道了我的威严，也向全班学生发出警告——在课堂上不要随便插话。但随着时间的推移，在以后的教学过程中，我越来越发现课堂上的纪律真的变得很好，很安静，没有一个人敢随便插嘴讲话，但踊跃发言的人却越来越少，缺少了往日那种争先恐后、朝气蓬勃的课堂氛围。课上得无滋无味，学生也没精打采。这时，我才深刻认识到此事我想得太简单，解决得太草率。我便采取找这几名同学谈心、鼓励、表扬、激发兴趣等方法，调动他们发言、学习的积极性，课堂上还给他们充分的时间讨论，互相评论，共同参与到知识的传授过程中来。“插嘴”随之又出现了，但这次我再也不会像当初那样去解决，而是把握插嘴的时机，抓住问题情境的关键，突出重点、突破难点，实现一些有时单靠老师讲授也难以达到的效果。

---

① 中华人民共和国教育部基础教育司．素质教育案例精选（教学类）［M］．北京：中华工商联合出版社，2002.

【案例感悟】

由上述案例我想到这样一个困扰我很久的问题：我们究竟需要什么样的学校纪律？马卡连柯说过："只用限制的手段维持的纪律是苏联学校最差的纪律。"我说，只有空洞说教而无法创设情境让学生感悟做人道理的教育是低效甚至是无效的教育。只有融入心灵，才能真诚动人，如果教育不能由内而外，就很难真正对人起作用。

6. 赏识激励——欣赏和赞美的力量

"人类本质中最殷切的要求是渴望被肯定"，这是现代心理学的一个基本原理。

"一滴蜜比一桶毒药捉住的苍蝇还要多。"（一位父亲对儿子的教诲）以真诚的赞扬代替指责和抱怨，是史金纳教授的核心观点。这位世界上最伟大的心理学家，以动物和人做实验，来证明当减少批评并且多加鼓励和夸赞时，被实验者就会多做好事，而相对不好的方面则会被忽略而萎缩——好孩子是夸出来的！美国有个老头，是戴尔·卡耐基的朋友，叫帕特·派洛，他从事驯狗工作，一生都随同马戏团到处旅行表演。卡耐基说，他很喜欢看他的驯狗表演，而且注意到，每当小狗稍有进步时，他就立刻轻轻地拍拍它，称赞它几句，并喂给他肉吃，好像就是一件了不起的大事似的。这并不是什么新鲜事。驯兽师几百年来都是用同样的方法。卡耐基说，我一直感到奇怪，为什么当我们要改变一个人的时候，不用驯狗时所运用的常识？我们为什么不以肉代鞭？我们为什么不用称赞代替斥责？即使是极其微小的进步，我们也要给予称赞，使他在取得成绩的喜悦中重新发现自己，这样可以激励学生不断进步。

美国实业巨子雅科尔的人事管理诀窍中有一条很值得我们借鉴："表扬一个人，最好用公文；批评一个人，尽量用电话。"保住学生的面子——大声表扬（OK 的手势，"太棒了"），小声批评。像爱护眼珠一样保护学生的自尊。

【案例 1】　上好人生第一课 ①

一个名叫菲特的女教师接手了一个由全校 26 个学生组成的特殊的班级，他们被安排在学校最不起眼的教学楼里，他们当中不乏吸毒的，有进过少管

① 杜怀超. 上好人生第一课［J］. 基础教育参考，2004（8）.

所的，还有偷盗行为的等等，几乎每个人都有极不光彩的历史，家长和学校也失去了信心，准备放弃对他们的教育。新学期开始，菲特老师并没有像以前的老师一样，过多的说教，整治班级纪律，给孩子们一个威严的形象，而是给他们一道简单的选择题：

有三个候选人，他们分别是：

A. 笃信巫医，有多年的吸烟史，而且嗜酒如命。

B. 曾经两次被赶出办公室，每天中午才起床，每晚都要喝醉酒才睡去，而且有吸鸦片的记录。

C. 曾是国家的战斗英雄，一直保持素食的习惯，不吸烟，偶有喝一点啤酒，年轻时从没做过违法的事。

菲特老师要求大家从中选出一位在后来能够造福人类的人。毋庸置疑，孩子们都选择了C。然而菲特的答案却让大家吃一惊：孩子们，我知道你们一定都会认为只有最后一个人才能够造福人类，然而你们错了，这三个人都是大家熟悉的，他们是二战时期的三个著名人物：A是富兰克林·罗斯福，身残志坚，连任四届的美国总统，B是温斯顿·丘吉尔，英国历史上最著名的首相，C的名字大家也很熟悉，阿道夫·希特勒，一个夺取了几千万无辜生命的法西斯恶魔。听了老师的话，孩子们呆呆地瞅着她，简直不敢相信自己的两只耳朵。菲特接着说，孩子们，你们的人生才刚刚开始，过去的荣誉或耻辱只能代表过去，真正能代表一个人一生的是他现在和将来的所作所为。从过去的阴影里走出来吧，从现在开始，努力做自己一生中最想做的事情，你们都会成为了不起的人才……

简单的一道选择题，平常的一堂课，后来却改变了这26个孩子的命运。他们当中的很多人都在自己的岗位上做出了骄人的成绩，有的还成了著名的医生。

【案例2】　　　　每个人都有梦想①

在上初中时，我成绩不算太好，在父母的无奈下我进了学校里最差的班。一次，老师留了一个作业叫“我的理想”，我写下了我的理想，是考上一所较好的大学，上交的时候却被一些同学看到了。

他们说：“像你们这样的学生，还考大学呢？连毕业都是个问题，你简直是痴人说梦！”

---

① 齐齐哈尔大学学生作业案例。

这时老师来了。

师说："每个人都有梦，每个人都有实现梦想的权利，你们虽然没义务去非得说别人一定能梦想成真，但你们却没权利去嘲笑别人，在嘲笑别人的同时也是对你自己的没信心。"

同学们羞愧地低下了头。

这时老师又说："你们每个人都是一只飞翔在天空里的小鸟，不要以为一时的比别人差就是再也飞不起来的小鸡，只要你们努力，迟早有一天你们定会成为一只雄鹰，所以同学们请相信自己!"

说完之后，班里一片寂静。

结果，在毕业考试后我们班除了几名同学外都各自考上了他们理想的高中，为以后考到理想的大学作了很好的铺垫。

【案例 3】　　　　老师，谢谢你的肯定①

从高一开始的时候我的数学就不怎么好。在高一下学期的时候，我们换了一个新的女老师，她讲课很好，在期中考试的时候我考的比想象中要好得多，老师好几次在班上表扬我。

一天下课后，老师把我和几个班里成绩拔尖的同学叫到办公室说："你们几个都是班里数学成绩比较好的同学，以后每天我都会给你们布置任务，帮帮其他较弱的同学。"当时我感到自己心里暖暖的，并且感到有一种责任感油然而生，从那以后我对数学更加喜爱，到现在也是。或许老师并没有想那么多，但是她把我归到成绩好的学生里，让我感到自己得到了肯定，并且更多了些自信。

【案例感悟】

有报道说，当今的教育似乎善于制造自卑者。好多人都认为，孩子的优点，不夸"跑"不了；孩子的缺点，不批改不了。因此，他们总是批评、指责、否定孩子，而"少"鼓励、表扬、肯定孩子。当孩子好不容易为自己制造出一个被表扬的机会，他们得到的往往还是否定。有个初三的女孩考了 97 分，本以为会受到老师表扬，谁知老师却对家长说："你女儿考了 97 分，瞎猫碰上死耗子!"还有一个过去成绩不太好的孩子考了 92 分，可回家后，他告诉妈妈自己并不高兴，因为老师批评另外一个同学说："某某都考了 92

① 齐齐哈尔大学学生作业案例。

分，你为什么不能考好？”结果还是在贬低他。

教师要善待孩子的自尊，用鼓励和信任来鞭策他（教育就是给人以希望）。如果你告诉学生，说他在某件事上愚笨之极，没有一点天分，他所做的全都错了——你这样说，就等于扼杀了他所有进步的希望和努力。

【案例4】　　“他的字，符合黄金分割比率！”①

我有一名学生书法极好，但不喜欢上数学课。数学老师每次上课都让他到黑板上为老师抄例题。有时，还从数学的角度，分析一下字的结构，说为什么他的字那么漂亮，分析的结果原来是符合黄金分割比率。并且在每次随堂批改作业时，看到他错的地方，总是叫他过来，给点儿提示，然后回座思考重做，做完后是一个大大的红对勾！谈起初中的这段经历，他说那一个个由错变成的红对勾改变了他的人生轨迹，后来，这位男生考上了西安的一所大学。

【案例感悟】

让学生改正错误而不触伤学生的感情，引起他的反感，就要从真诚的欣赏及赞美开始。用赞美的方式开始，就好像牙科医生用麻醉剂一样，病人仍然要受钻牙之苦，但麻醉剂却能消除这种痛苦。

称赞最微小的进步，并称赞每一次进步，而且教师的称赞要发自内心。要知道教师的言行对学生的激励作用不可估量。假如你我愿意鼓励每一个我们所接触的学生，使他们认识到并挖掘自己所拥有的内在宝藏，那么，我们不仅可以改变他本人，甚至可以使他脱胎换骨。

【案例5】　　无人监考的教室②

我在高中教学时，最早在我们学校倡导并实行提供“无人监考的教室”。我在动员会上讲话如下：“有人监考，你是在同老师较量；无人监考，你在同自己的人格较量。我相信，仅有太阳的光还不够使教室明亮，我们班61名学生的心中自有光明！”这个效果出奇的好。看来相信学生，学生就会开创他自己都可能意想不到的奇迹。

---

① 这个案例是十年前我还在家乡的一所高中教书时自己班级里发生的一个真实故事。

② 这个案例是十年前我还在家乡的一所高中教书时自己班级里发生的一个真实故事。

【案例感悟】

假定一种美德，如果学生没有，教师就必须认为他已经有了。如果你希望某个学生具备一种美德，你可以认为并公开宣称他早就拥有这一美德了(尽管可能他的确没有)。给他一个好名声，送他一顶高帽子，俗话说：“帽子高，不怕砍一刀”，让他去实现，他便会尽量努力，而不愿看到老师失望。差不多每个人，都会极力奋斗保全别人给予他的好名声。好老师要具有这样的信念——相信学生是会改变的，相信学生本身就有许多美好的品质。

二、爱岗敬业，为人师表——身教胜于言教

教师是为人师表的。要做到这一点，就必须有高度的责任感、自律性、非盈利性的服务动机，呕心沥血的奉献品质，善于合作的品行，对教育对象的热心关怀和公正无私的教育爱。

无论哪个行业，决定一个人是不是高手的根本因素都不是技术。技术到了一定的程度，大家都一样。能分不出高下的是人的心——爱心、信心和责任心。

教育仅有爱是不够的。高尔基说：爱孩子连母鸡都会，关键是教育他。教育就意味着责任，也就是对学生的一生负责。因此教师职业道德的一个重要内容是——要做有责任感的教师。

1. 责任感

责任至上。敬业是对良知的尊重，是神圣在工作中的体现，是在工作中流露的优秀品德和人格。敬业的人，会专心致志于本职工作，在工作中尽心尽力，尽职尽责，尽自己的义务，努力将工作做好。对教师而言，就是尽自己应尽的教育义务，表现出高度的责任心和对得起职业，对得起学生的教育良心。“教育者的责任就是不辜负机会；利用机会；能用千里镜去找机会；去拿灵敏的手去抓机会。”学校无小事，教育无小事。每一张教案，每一堂课，每一次作业，都需要去认真对待。在这个机会中一定要切不可出差错。一切违背教育教学规律的做法，应该得到修正，为了学生，其实也是为了自己。19世纪俄国著名教育家乌申斯基先生说：“教师个人的范例，对于青年人的心灵，是任何东西都不可能代替的最有用的阳光。”我国著名的教育家陶行知曾说过：“捧出一颗心来，不带半根草去。”这就是对教师教学生涯的最好写照。尽职尽责是教师基本的道德规范。

【案例 1】 **孩子的信任** （英）休·辛普森 孙开元译

一个小男孩找到了法官，生气地对法官说，他要告发一个大坏蛋。法官问他："你能告诉我这个大坏蛋做什么坏事了吗？他发动了一场核战争？""没有。""他给别人注射毒品，让一百万人都染上了毒瘾？""没有。""他推翻了一个政府，然后自立为王？""没有。""他强暴？抢劫？谋杀？杀人？偷盗？""没有。""他打了他的妻子和孩子，致使他们每天都恐惧他回家？""没有。""那么他踢了大街上的流浪狗？""也没有。""那这个坏蛋犯了什么罪？"男孩委屈地说："他答应过孩子一件事，却又说了不算数。他毁坏了一个孩子对他的信任，这个孩子每天崇拜地喊他：'爸爸'！"

【案例感悟】

这篇小文是我在《读者》上看到的，读后感动又不觉莞尔，那是一颗特别美好的童心对承诺的渴求。它让我想起了小时候读的儿童小说《我要我的照相机》和铁凝的《一千张糖纸》。童心纯真，不可许以美丽的谎言；童心至善，不可渗以成人的谲诈；童心唯美，不可蒙以世俗的尘埃。以身作则是教师责任感的主要体现。教师要守信用，说话算数，对学生的承诺能按时按质地履行。因为老师是学生的表率。凡是要求学生做到的，自己首先做到；凡是学生一下子难做到的，从不强求学生。

【案例 2】 **操场含石那一刻**①

作为学生的我们经历过记忆犹新的、生动活泼的、丰富多彩的、枯燥乏味的等等许许多多的课堂。也许有那么几节课令我们终生回忆，终生受益。有那么一句话："有的人活着，他已经死了；有的人死了，他还活着。"也许用在这儿不太恰当，但我想表达的是有的课的威力是无穷大的，足够受用一生。也许有很多同学的趣事会发生在有教室的课堂里，但我心跳流泪的那一刻是在没有教室的体育课堂里。

那是高一快开运动会的时候。学校要求体育老师操练队形，特别要求过主席台的时候要走正步。所以说还要加强训练，老师得费点心。As we all know，每个班级都有几个不太认真的、不想跟老师合作的学生，我们班也不例外。虽然说这只是运动会的开幕式，但这也是要评分的。从另一方面说，这对体育老师没什么影响，他只要做到他们该做的就好了。

---

① 齐齐哈尔大学学生作业案例。滕艳艳。

眼看运动会越来越近，在一个明媚炎热的下午，各班进行运动会开幕式的预演。当我们走队时，发现别的班有的同学不在队列。走着走着听见一个老师说；“还有谁不想参加开幕式，可以出来。”看见有几个同学真出来了。目睹了别班的政策后，我们班的一个同学也喊了一声：“老师，我也不参加了！”老师霎时间脸就红了，顿了顿说：“一个都不能少！”这时那几个同学像是自尊心受到了伤害，耷拉着个头，胡乱地在队伍里走着。当时我们都看在眼里，急在心里。想为什么这么不争气，老师说了这么鼓舞人心的话。

实在看不下，我们以为老师会大发雷霆，然后把他们踢出队伍。然而老师没有，他没有这样。突然间老师喊：“立正！”接着说：“你们走，不是我的错，是我的无能，我惩罚我自己！”只见老师从地上捡起一块石头，放进了嘴里。喊了一声：“起步走！”那一刻，我们傻了。没有人敢亵渎这神圣的一刻。同学们异常的精神，只能听见清晰而整齐的脚步声和响亮的口号声。这口号里夹杂着复杂的感情，有感动、激动、决心等等。同学们可以说是“声嘶力竭”地喊着口号。也许，许多同学眼泪已经流了下来。因为当时我在偷偷地掉眼泪，不明白是被感动还是被震撼。我们很好地完成了预演。静静地等候着“发落”。老师若无其事地拿出了口中的石头，我们看见了，看见流血了。老师只是说：“希望在以后的日子里认真地对待每一件事，不要轻易地把自己从集体中划分出去！”那一刻，我们表现得是那么的静，但心里却汹涌澎湃，想大声喊：“老师，我们错了！”“解散！”打断了我的思绪，看见同学们默默地走开了。

我们都明白，也许少了不认真走的同学，队列会变得整齐。但那已不是一个完整的集体，可以说是不叫集体。在一个集体中，每一位同学都是不可或缺的，不要轻易地把自己从一个集体中划分出去！

【案例感悟】

教师在教育教学过程中的一言一行、一举一动都会对学生产生巨大的影响。春秋时期伟大的教育家孔子说：“其身正，不令而从；其身不正，虽令不从。”西汉时期教育家董仲舒说：“善为师者，既美其道，又慎其行。”

【案例 3】　　我们都是一个集体①

高一的时候，班里来了两个实习老师，而第一周的班会是玩一个体现班

① 齐齐哈尔大学学生作业案例。

级活动的游戏，就是同学分两组，然后画个圈，同学想办法全部站在圈内，成功一次圈就变得越小，而每组都有一个组长，如果哪个小组不成功或是比另一组，慢组长就得做俯卧撑，且次数不断翻倍。而我们的组长就是我们的“老大”，也就是我们的班主任。“老大”38岁，身形略胖，一看就知道是缺乏锻炼的。活动开始，两组人员都能全部站在圈内，但是随着圈越来越小，我们小组站到圈内的速度越来越慢，而“老大”做俯卧撑的次数也越来越多，到最后“老大”实在累得不行了，撑起一次就往下“摔”一次，同学们都心疼“老大”，不让“老大”继续继续做了，但是“老大”说：“我们都是一个集体，只要我们能够紧紧靠在一起，就没有什么事不能成功的。”说着，仍咬着牙一起一下摔着做，看着被汗湿透的衬衫，许多女同学都哭了，这时一个小组里的一个男同学突然也趴下，说：“我陪伴老师一起做俯卧撑。”看着那个男同学，小组同学也都一个一个趴在地上做俯卧撑，到最后全班同学都趴下来做起了俯卧撑，许多女同学都是流着眼泪一起做的。看到这样的场面，我们班这个集体一定会比其他班级都要团结。

【案例感悟】

正所谓“人格魅力，无言之教”。教师的人格，是以高尚的师德、超脱的才情、深厚的学养为基础升华而成的人品格调和精神气质。主持人白岩松讲述过这样一个真实的故事：一个美丽的秋天，北京大学新学期开学了。一个学生背着行李走进了校园，实在太累了，就把包放在路边。这时一位老人正好走过来，这位学生就拜托老人帮忙照看行李，自己去办理手续，老人爽快地答应了。一个小时过去了，学生回来发现老人还在尽职尽责地看守着行李。学生谢过老人，两人分别了。几天后，北京大学举行开学典礼。这位学生惊讶地发现，那天替自己照看行李的老人就是在主席台上就坐的北京大学副校长季羡林教授。①

学生是教师的一面镜子。在北京大学的未名湖里倒映着的是博雅塔的投影，在这个学生的心里映照着的又是什么呢？不正是季先生的人格魅力吗？

教师人格魅力发挥着其“润物细无声”的作用，激发学生的学业发展、陶冶学生的情感态度、激发学生的道德升华、催发学生的意志强化等。许多人念念不忘自己的恩师，不仅仅是敬佩老师的才学，更重要的是敬仰他们的人格品质。

---

① 佚名．怎样做一名好教师［M］．南昌：江西人民出版社，2003．

2. 使命感——让生命与使命同行

“总得有人去
总得有人去擦星星，
它们看起来灰蒙蒙。
总得有人去擦星星，
因为那些八哥、海鸥和老鹰都抱怨星星又旧又生锈，
想要个新的我们没有。
所以还是带上水桶和抹布，
总得有人去擦星星。”

忘记了这首诗的出处，但感觉用到这里可以表达我对教师使命感的认识：奉献之心、不忘使命。爱就意味着奉献。教师的爱更是一种只讲付出，不计报酬；只讲学生，不求回报的充满奉献的爱。对学生的热爱、理解，尊重是教育成功必不可少的条件，但不是教育的最终目的。对学生的爱最终还要体现在为学生的未来负责，为民族的未来负责。也就是说爱心是教育成功必不可少的条件，最终还要体现在为社会培养出人才。

【案例 1】　为学生创设一个创造的“场”①

过去常说，要给学生一杯水，教师自己就要有一桶水。我觉得这个说法对现在和未来的教师已经不够了。“桶”里的水毕竟是“死水”，不更新，它的可用含量就会大大降低。作为跨世纪的教师应该去开凿并拥有“一眼泉”。——张思明

8 月 28 日中午，记者走进北京大学附中张思明老师的办公室，几个初一年级的数学爱好者，正在里面对着张老师刚留的一份“作业”冥思苦想。我要过“作业题”看了看，上面竟是这样一些莫名其妙的东西：“邮票齿孔，开本，卷材，热水瓶，电脑，电话、手机套餐……”我只好问旁边一位女生：“张老师给你们留的这是什么题啊?”这位同学告诉我，邮票那道题，是计算邮票两个齿孔的间距与转角处圆孔位置的关系；热水瓶那道题，是求瓶里水位的高低与热水瓶保温效果的关系；电脑那题，是让了解中关村几种不同 CPU 的电脑，近几年价格变化的走势；电话、手机套餐，是研究哪一种收费套餐更适合哪一类的消费群体……

① 符德新．给你数学的美丽天空［N］．中国教育报，2002-9-7（3）．

说话间，张思明走了进来。他问几个同学："除了老师出的这几道题，你们还想到哪些生活中的数学例子？"

一个女生思索片刻，仰头答道："我发现，副食店里卖酱油用的提子，设计得不太合理，每次往瓶子里灌酱油，都要洒出一些，造成浪费，我想那个提子可以重新设计一下……"同学们说完，张老师又补充了不少例子，留给大家回去思考：

球鞋的鞋带有多种系法，哪一种系法用带最节省？哪一种系法最快？

一页杂志排版，是通栏装字多，还是分两栏装字多？为读者阅读方便又应如何设计？

图书馆一本 20 元的书被盗，应对偷书者罚款多少，才能既起到警诫作用，又不失当？

同学们散去了，可以想见，他们下次来交"作业"的时候，对生活中的数学又会有一番新的认识。而今后他们再观察生活中类似现象时，也会带着不一样的目光……

1992 年"教育进展国际评估组织"（IAEP）发表的报告，促使张思明更多地反思我国的数学教育。在 21 个参加数学测试和科学测试的国家和地区中，中国内地以总分 80 分的成绩名列第一，领先位于第二的台湾地区和韩国 7 分之多，特别是运算能力遥遥领先。而在科学测试中，中国内地中学生仅列第 15 名。在数学能力中，解决实际问题的能力尤其差。1999 年，团中央等单位组织的一项 19000 名大中学生参加的调查显示，具有初步创造人格和创造力特征的学生只有 4.7%和 14.9%。与此相呼应的是，每年高考的数学题中，应用题的得分往往是最低的。

曾经是张思明学生的倪卫平在高一时的作文《琐记》里记下了这么一件难忘的小事：

寒假后开学时，我把自己在寒假制作多面体的一些小发现写成小论文，交给张老师。对于自己的发现是否正确，心里一直忐忑不安。直到有一天，张老师在上课时当着全班同学的面表扬了我，肯定了我写的小论文，我才算是一块石头落了地。可不幸的是，我发现的一条规律早已被前人发现。这本使我有些沮丧，可是出乎意料，张老师在说明了事实后，把我发现的这条人家早已发现的规律称做"倪卫平定理"，这使我大大恢复了信心，并且以之为骄傲呢！

通过这件事，大大提高了学数学兴趣的同学，绝不止倪卫平一个。

【案例分析】

特级教师张思明认为，21 世纪的数学教育会呈现如下发展和变化：数学文化素养越来越成为每个公民、以至整个民族文化素养的重要内容和标志；数学教学将从传统的“传授知识”的模式更多地转到“以激励学习为特征、以学生为中心”的实践模式。学生的自主学习、独立创造、个性发展将受到更多重视；数学教学将更着重于培养、发展学生的广泛的数学能力，能从模糊的实际课题中形成相应的数学问题，会选择有效的解决方法；素质教育要求我们在基础教育阶段就开始培养学生实现自我“可持续发展”的意识和能力，要求学生学会设问、学会探索、学会合作；数学教学不再是教师单纯地为学生的付出，而是教师创造性生活的一部分。数学教学的过程是师生双方实现自己生命价值的舞台。而“我国数学教育历来有重视基础知识、基本方法、基本能力，重视教师主导作用的优良传统。我国中小学生对数学知识的掌握（特别是运算和推理）有较明显的优势。但学生自主学习、探索、创造的能力和个性发展得不够，而这正是本世纪有竞争力人才的关键素质所在。”这种发展和变化，对一线数学教师提出了新的要求。其中重要的一条就是，教师要为学生创设一个激发创造的“场”。

【案例 2】 上海特级教师贾志敏：当一个称职的小学语文教师不容易①

记者杨金志在上海浦明师范附小采访贾志敏校长，他先给记者讲了一个故事。一天，几个二年级的小朋友在马路上捡到一枚嵌宝石“金”戒指，其中一个女孩把它交到贾老师的手上，认真地说：“是我们捡到的，是金的。”后来一位女教师看了看，掂量了一下，说戒指是假的。孩子们听后泄气了。“我当时想，又何必在意是真是假呢？我们的孩子，心比金子还纯。”贾老师心平气和地说，有着 42 年教龄的他脸上始终挂着慈祥的微笑。类似的故事在贾老师心里不计其数。每天早晨，贾老师在升旗仪式后都有一个“一分钟演讲”，用孩子们听得懂的话讲身边的人、身边的事。短短一分钟，坚持 8 年。《孩子的心比金子还纯》只是这几千篇演讲中的一个。

贾老师上公开课从来不事先安排，不论是在本校还是在外面，他都是随便挑一个班级，拿起他们正在学的那一篇课文就娓娓讲起。尽管如此，他的课总是如同行云流水，循循善诱，深得孩子们的喜爱。“没有什么‘秘诀’，只要‘目中有人’。”贾老师说。安徽六安市的一位听课老师细心记下了贾老

① 蔡文珊．贾志敏：当一个称职的小学语文教师不容易［J］．师道，2006（2）．

师在一堂课上的用语："真努力！真会说！真会思考！读得好！读得真好！你妈妈知道了一定很高兴！你一定能克服困难！不要紧，想一想就知道了……"这位教师感慨道："从来没想过，教一群小娃娃认生字、读课文，说话也要这么讲究！"而在贾老师的作文课上，一枚国徽、一种神态、一场课堂游戏，都进了一、二年级的小学生的笔下。有一次，一只小壁虎爬进教室，在学生中引起了轩然大波，也被贾老师鼓励着写进了作文。给孩子们最少的限制，最多的鼓励；既严格要求他们的基本功，又用宽容的态度对待每一个学生，这是贾老师教书的一贯准则。

教作文也是教做人，对学生鼓励而宽容的贾老师对自己却十分"苛刻"，一些让自己很"难为情"的事情他却始终铭刻在心。有一次，在贾老师的语文课上，平时沉默寡言的学生小柳站起来一本正经地说："老师，课文里多了一个字。"说完，他指着课本认真地读起来："'班长斩钉截铁地说……'班长名叫斩钉截，后面不是多了一个'铁'字吗?"教室里顿时炸开了锅，有的学生笑得前俯后仰，贾老师也批评了他一句，让小柳羞愧得无地自容。隔了一些日子，贾老师忽然意识到小柳一连几个星期再也没有举手发言，他坐不住了，找来学生促膝谈心，做了自我批评。第二天，小柳又和大家一起举起了手。贾老师把这个教训叫作"嫩枝易扶也易折"。

"一位称职的语文教师应该是半个作家、半个评论家、半个语言学家、半个导演、半个演员、半个书法家、半个播音员、半个剧作家……"听过贾老师讲座的年轻教师们都铭记着他的这一段谆谆教导。每一次，贾老师都会平静而肯定地告诉他们："当一个小学语文教师不难，但是要想当一个称职的小学语文教师是很不容易的。

【案例感悟】

薛法根老师在《大教师》中这样写贾志敏老师："他，思想上有大视野；道德上有大境界；教育上有大智慧；事业上有大作为。是真正的大教师。"这真正的大教师就是具有使命感，"志于道"—— 对真理的追求，对人生理想和社会责任的坚守的有效教师。冰心有言："知足知不足，有为有不为。"说的也是人师的道德境界：不安于现状——探索；又安于现状——淡定不躁。如何自觉地把师德规范融入教育教学实践，主动参加各种活动，在道德认识和道德实践的相互作用中提升道德素养，是每一个教师值得思考与践行的使命。教师要把"修身、敬业、爱生"作为自觉行为，通过教育叙事、教学反思、业务自传、校本研修等方式增强职业道德修养，反思师德行为，提升师德水平。

3. 有效教师的知识结构

“教学若被视为一种专业，则首先需要教师具有专门的知识与能力：教师要学习应该教的知识和如何教授这些知识的专门知识。”① 很多教育研究者都希望能够提出一些建议。这样的知识基础应该为所有的教师共同拥有，成为教师教学的知识基础，从而为教师教育提供行为的根据。一个学识渊博的人并不一定就是一个好教师，所以说“专业化”教师并不是只有知识就是合格的，他必须具有专长“专业化”的“知识结构”才能胜任教师之职。

一、完整的知识结构

有效教师应当具备丰富的知识，形成比较完整的知识结构。所谓合理的知识结构，就是既有精深的专门知识，又有广博的知识面，具有事业发展实际需要的最合理、最优化的知识体系。李政道博士说：“我是学物理的，不过我不专看物理书，还喜欢看杂七杂八的书。我认为，在年轻的时候，杂七杂八的书多看一些，头脑就能比较灵活。”要完成这个过程既需要理论上的学习，也需要在教学实践中不断探索、总结和提高。美国学者 Frederick J. Stephenson, Ph. D. 通过对美国佐治亚大学最高教学奖——梅格斯奖的获得者们进行了调查和研究，发现非常教师有 300 多条不同的特征，他将这些特征浓缩为六条，其中第二条是非常教师知道该教什么，如何教，如何提高自己。他们教会学生许多接受事实的技巧，影响学生的世界观，并教会学生正确面对自己能力；他们对于本学科和教学都有广博的知识，而且他们还具有艺术家般的鉴赏力来选择完成每项任务的最佳工具；他们都有根据自己的个性和才能制订出适合自己并能获得成功的教学方法。② 在这六个特征中，第二个特征起着核心作用，即教师知道如何教、教什么和如何提高自己，这是教师能量的核心体现。

结合当前的中小学教师教学的实际情况，有效教师知识结构应注意从以

---

① 范良火. 教师教学知识发展研究［M］. 上海：华东师范大学出版社，2003.

② ［美］Frederick J. Stephenson. *Extraordinary Teachers: The Essense of Excellent Teaching*. 周渝毅，等译. 北京：中国轻工业出版社. 2002.

下四个方面来提升自己。[①]

1. 学科知识——解决“教什么”的知识——要义在精

特定的学科知识又称本体性知识，它是教师胜任教学工作的基础性知识，是教师知识的主干和核心部分，也是教师职业的身份标志。讲授学科教材就是讲授自己所掌握的“本体性知识”。

本体性知识应包括四个方面：

首先，教师应对学科的基础知识有广泛而准确的理解，熟练掌握本学科相关的技能、技巧。只有在对知识和技能准确熟练掌握的基础上，教师才有可能花更多的心思去设计教学，在课堂上更多地关注学生和整个教学的进展状态。

其次，教师要对与该学科相关的知识有基本的了解。特别是在当今新课程讲究学科融合的基础上，更要做好相关学科知识的贯通。建议教师们在教学过程的同时，不仅研究本学科的教材，也应该阅读其他学科的教材，特别是相关学科的教材。学科之间的相互联系与渗透已是当今科学发展的趋势，我们的教学也应体现这种趋势。

再次，教师需要了解该学科的发展历史和趋势，了解推动其发展的因素，了解该学科对社会、人类发展的价值，以及在人类生活实践中的多种表现状态。

最后，教师需要掌握学科所提供的独特的认识世界的视界、界限、层次及思维的工具和方法，熟悉学科内科学家的创造发现过程和成功原因以及在他们身上展现出来的科学精神和人格力量。

扎实的本体知识是一个教师取得良好教学效果的基本保证，但不是唯一保证。其与学生的成绩之间也并不存在简单的正相关。尤其是当教师的本体知识达到一定程度，能基本满足学科教学所需要时，其教学效果更取决于其他几方面的知识而与本体知识的相关更小。

【案例 1】　　一节语文味极浓的语文课[②]

——特级教师贾志敏《惊弓之鸟》教学赏析

阅读导语　贾志敏老师是上海市浦明师范附小原校长，我国小语教坛著名的特级教师。当前的一些“教研课”过于虚浮、华而不实，而贾志敏老师

① 以下框架参考申继亮关于“教师专业知识结构”的提法. 中国教育学刊，1998（3）.

② 中华语文网. 广西师范学院小学教育研究中心. 黄亢美.

在杭州“全国著名特级教师精品课观摩会”上的一节阅读教学展示课语文味浓，训练扎实。相信你看了以后对什么样的课才是语文课会有更深的感悟。

（教师简说成语故事的特点，然后让同学们说出自己所熟知的“画蛇添足”、“走马观花”、“望梅止渴”、“惊弓之鸟”等成语。教师板书课题后范读课文，随后让学生学习“羸、郊、弦、愈”等九个生字。板画“弓——弦——箭”的形状，重点分析“羸”、“郊”二字的形义；学习“郊”字时，先板书“交”字，让学生在“交”的左边和右边组字，同学们先后组成“姣——咬——校——绞”和“效——郊”等字。初步学习理解“愈合”、“大吃一惊”、“孤单失群”三个词语。）

【近年的很多展示性的阅读教学观摩课，大多重在课文内容的所谓“感悟”和讨论上，对字词的学习大多一晃而过，极端淡化。而贾老师的字词学习先后用了近 20 分钟时间，且形式多样：看拼音读生字，去拼音读生字，用版画形式图解生字，声旁字左右加部件扩展组字，笔画繁杂的字进行笔画分解和书写等。字词的学习是小学语文教学的重中之重，是基础教育中基础的基础，我们对此是万万不能“一晃而过”的啊！】

（学生朗读课文）

师：整个故事情节就是以更羸和魏王两个人的对话展开的。用对话的形式来展开故事情节在这篇课文里是很典型的。对话的表达方式主要有如下几种：

1. ×××说：“________”　　　　（提示语在前面）
2. “________”×××说，“________”（提示语在中间）
3. “________”×××说。　　　　（提示语在后边）

另还有在特定条件下省略了提示语的，但不能因此而产生歧义。

这三种形式中“说”的后面应该加个什么样的标点符号呢？

学生经过讨论，说出了这三种对话形式“说”的后面应分别加上冒号、逗号和句号。教师给予肯定，并提示了三个“说”的后面所加标点符号的各自作用，然后请同学们找出课文里对话的句子，看看他们各属于哪种形式？

（学生先后寻找并读出相应形式的句子。）

【课文主要是以人物对话来展开故事情节的，教者根据这一写作特点来确定本课的学习和训练重点应该说是很准确的。在这一教学片段中，教者首先让同学们认识主要的三种对话形式，然后给三种对话形式中“说”的后面分别加上相应的标点符号，最后还让同学们从课文中寻找并读出相应形式的

句子，这样的训练是很有层次感的。以上的学习尚属于对“对话形式”的认知层次。】

师：“啊！”魏王看了，大吃一惊，说：“真有这样的本事！”——把这句话变成第一种形式该怎么说？

生1：魏王看了，大吃一惊，说：“啊！真有这样的本事！”

师：更羸指着大雁对魏王说：“大王，我不用箭，只要拉一下弓，这只大雁就能掉下来。”——如果把这句话改成第二种形式该怎么说？

（三个同学进行不同的变说，经过师生讨论，最后认为这样的变说比较恰当——“大王，”更羸指着大雁对魏王说，“我不用箭，只要拉一下弓，就能把这只大雁射下来。”）

师：谁还能换成第三种形式？

生1：“大王，我不用箭，只要拉一下弓，就能把这只大雁射下来。”更羸指着大雁对魏王说。

师：其他的句子还可以怎么变换？

（学生先后把其余的几个对话形式进行了提示语分别在前中后的变换。）

【变换原来的对话形式，这使训练的重点上升到初步的创新层次。】

（以上是第一课时）

（生齐读第一段：“更羸是古时候魏国有名的射箭能手。”教师由“射箭能手”引出对“手”的特定含义的讨论，又通过让大家列举“水手”、“神枪手”、“弓箭手”、“杀手”、“猎手”等名词，加深了对“手”的含义理解，随后教师让学生作了如下的扩展练习——）

1. 更羸是手。

2. 更羸是能手。

3. 更羸是射箭　能手。

4. 更羸是有名的　射箭　能手。

5. 更羸是 魏国　有名的　射箭　能手。

6. 更羸是古时候　魏国　有名的　射箭　能手。

【这一教学片段从认识“手”的特殊含义开始，逐步地引导同学们理解该句的多重定语和中心词的关系，词和句的训练都是非常到位的。对词语“古时候”、“魏国”、“有名的”、“射箭”及语素“能”的限制意义的理解，这也为后面更好地认识更羸其人其事作了很好的铺垫。】

师：说到更羸是古时候魏国有名的射箭能手，我便想起了两个人——

（教者先由《塞下曲》“林暗草惊风，将军夜引弓。平明寻白羽，没在石棱中”引出了飞将军李广箭法高超、膂力过人的故事。由中国的神射手又说到国外的武艺过人，劫富济贫的好汉罗宾汉，与人比试箭法时，他人先射，一箭就射到50米开外的靶子正中心。而罗宾汉不慌不忙，跨马弯弓，一箭射去，正射在该箭的尾部，并重重地嵌在靶子的中心。由李广射箭的膂力过人和罗宾汉射箭的百步穿杨引出了如下的结语——）

师：更羸和李广、罗宾汉不一样，他根本不用箭，只要拉一下弓就能把大雁射下来，你看他多厉害呀。是怎么回事呢？现在大家认真地读课文。

【运用人物对比的方式创设问题情境具有很强的悬念性，能使同学们怀着极大的兴趣和热情去深入地进行探究。】

（学生自由阅读课文。然后教师用逐句的完形填空的方式让学生概述课文主要内容——）

有一天，更羸随魏王去打猎时发现（　　），更羸告诉魏王，说他（　　），魏王不信，于是，更羸（　　），果然（　　）。

（师生讨论，相互补充，作了如下的补足式概说——）

有一天，更羸随魏王去打猎时发现（一只大雁从远处慢慢地飞来，边飞边鸣）。更羸告诉魏王，说他（不用箭，只要拉一下弓，就可以把大雁射下来），魏王不信，于是，更羸（便左手拿弓，右手拉弦，只听嘣的一声，那只大雁直往上飞，拍了两下翅膀），果然（从半空里直掉下来）。

（在说通的基础上，教师又要求学生有感情地概说。）

【教者采用的这一完形填空方式，一是可以让学生进行概述课文的训练，从整体上把握课文内容；二是通过概述，又能让学生更好地体会和感悟课文工笔式的表达方法——人物对话。“简”是为了体会“繁”，这也是教者的用心所在。】

师：你们不但说得对，而且说得很好。（指示如下板书）

1. 更羸是古时候魏国有名的射箭能手。

2. 有一天，更羸……于是……果然……掉下来。

黑板上的这两句话之间加上什么词可以使它们连起来变成一句话？

生1：在第一句前面加“说”，在第二句前加“是因为”。

（该生加上有关词语后连起来读）

师：加得不错。哪个小朋友能先说下面这句话，再说上面这句话？

生2：因为有一天，更羸随魏王打猎……大雁从半空中掉下来。所以说更羸是……射箭能手。

【由两个具有因果关系的句子添加关联词后组成一个更大的因果句群，这样的训练有利于培养学生的语言驾驭能力。由繁而简，或由简而繁，这就是语言训练的辩证法。】

师：为什么他不用箭，只拉一下弓就能把大雁射下来呢？后边有一段话说得很好。我请一个小朋友把这段话读出来。

生1："它飞得慢，叫的声音很悲惨。飞得慢，因为它受过箭伤，伤口没有愈合，还在作痛；叫得悲惨，因为它离开同伴，孤单失群，得不到帮助。它一听到弦响，心里很害怕，就拼命往上飞，它一使劲，伤口又裂开了，就掉下来。"

师：好！这段话写了四个意思——

1. 观察（仔细）2. 分析（入理）3. 推理（合情）4. 判断（正确）

谁能把这段话中的四个部分作分析，指出什么地方是"观察"，什么地方是"分析"，什么地方是"推理"，什么地方是"判断"？

（学生在板书的该段语句中用段线画出相应的语句，教师又据此进行逻辑引读——）

师：更羸"观察"到什么？

生：（读）它飞得慢，叫的声音很悲惨。

师：他是怎样"分析"的？

生：（读）飞得慢，因为它受过箭伤，伤口没有愈合，还在作痛；叫得悲惨，因为它离开同伴，孤单失群，得不到帮助。

师：于是他又怎么"推理"？

生：（读）它一听到弦响，心里很害怕，就拼命往高处飞。

师：这么一来，他就作出正确的"判断"——

生：（读）它一使劲，伤口又裂开了，就掉下来。

师：再读一遍，看谁读得最有感情。（生自由读课文）

师：再读一遍，能不看书更好。（学生尝试背读课文）

【更羸之所以敢对魏王说"我不用箭，只要拉一下弓，就能把这只大雁射下来"，这来源于他细致的观察，入理的分析，合情的推理。因而，教者在更羸最后向魏王解释原因的这一段学习中，对"观察"、"分析"、"推理"、"判断"的要义以及在语段中的具体呈现内容引导学生们作了对应的分析。教师还采用"逻辑引读法"，分别对观察、分析、推理、判断的具体内容进行了引读，以加深对这四者及其关系的理解。这样的教和学的方式既有利于

学生对词句的理解，又能较好地培养学生科学的推理和正确的判断的能力。】

师：大家感到有哪句话读得不是很顺口的吗？

（学生经过讨论，认为“就掉下来”，应在后面加个“了”字变成“就掉下来了”或“就掉了下来”，老师对此给予了充分的肯定。）

师：这篇课文你读完后感到有不满足的地方吗？

生3：更羸向魏王解释完原因以后魏王应该说点什么，可惜书上没有写。

师：如果选用刚才我们学到的其中一种对话方式来添加魏王说的话，大家想想，可以怎么说？

（同学们动笔写，教师巡视指导。）

【先写后说，体现了阅读教学读写结合、写说结合的特点。】

师：俗话说“三分文章七分读”。不但要写得好，还要加上动作表情读出来。看谁最聪明。

生1：魏王说：“原来是这样的呀！你真不愧是有名的射箭能手。”

师：可以，但是还不够惊讶。

生2：“原来如此！”魏王终于明白了，称赞道：“你真了不起！”

生3：“了得！了得！怪不得大家都说你是魏国有名的射箭能手。有了你，我还怕江山保不住吗？”

师：真是精彩的一笔。

…………

（先后有七位同学站起来读自己补写的魏王说的话。）

【引导同学们想象并补足魏王说的话，十分有利于培养学生的思维想象能力和创新能力。在引导同学们说的时候还引导他们运用多种的对话表达方式，进一步地突出了本课的训练重点。】

师：大家写的都不错，都用了不同的对话形式来表达。但是最聪明的是第三位同学。现在我请她和我一起把这段对话读一遍。

生读：更羸对魏王说，我不用箭……果然，那只大雁从半空里直掉了下来。

师：了得，了得，怪不得大家都说你是魏国有名的射箭能手。有了你，我还怕江山保不住吗？”

【教师表扬第三位同学是“最聪明的”，于是请她一起与教者分角色读这段新编的对话，教师还“原汁原味”地读该生“创作”的人物语言。教师对该生创作的魏王所说的话如此的赞赏和“情有独钟”，有理由相信，这样的

“表扬”形式对这位学生的激励将是巨大的和永久的。】

（教者由成语“惊弓之鸟”又引出相应的成语“强弩之末”，最后顺势作了如下的结束性谈话——）

师：汉语当中的成语是一个宝库，里边有许多生动的故事和丰富的知识，我们应该去打开它的大门，了解它，熟悉它，掌握它。今天的课就上到这。

【案例分析】

精通的含义是能够透彻地了解知识的产生过程，知识之间的相互联系以及整个知识体系的框架，从中理解专业知识本身的思维形式和思维方法。教师很可能对学科前沿的内容掌握得并不详尽，但应当知道那些内容出现的理由以及给本学科发展带来的变化，并且知道那些内容的创造性的所在。

精即精益求精，对所要任教学科的知识钻得深，学得透，融会贯通。教师的劳动是一种复杂的、创造性的劳动，要成功地完成教学任务，就必须精通所教学科的知识，对自己所教学科的全部内容有深入透彻的了解。韩愈说：“教师要学有专长，术业有专攻。”贾志敏老师的《惊弓之鸟》体现了教师学科知识的博大精深。

时下也有不少的语文课由过去老师繁琐多余的内容分析讲解，又嬗变成学生对课文内容的反复“感悟”和繁琐“探究”，语文课的语言性过于弱化，语文课的个性特点不够鲜明，其结果是“堂上热热闹闹，课后风过树梢”，学生的语文素养难以提高。贾老师的这节阅读教学课着重抓住课文运用对话形式展开故事情节的行文特点，先让同学们认识和找出文中的三种对话形式，继而创造性地变换文中的三种对话形式，最后还引导同学们完全创造性地运用不同的对话形式扩展补写魏王可能会说的话。通过这些不同层次的环节，学生不但理解把握了三种基本的对话形式，而且还能灵活地创造性地运用。围绕“对话形式”这一学习重点，同学们还进行了文意概述的训练、句子扩展成句群的训练等等。

整节课充溢着浓浓的“语文味”，而这些浓浓的“语文味”又是在同学们“自主、合作、探究”的学习中营造出来的；在理解和运用课文语言表达形式的过程中，同学们还了解了更羸其人其事，懂得了“正确的判断来源于正确的推理，正确的推理来源于正确的分析，正确的分析来源于细致的观察”的道理。“知识与能力”、“过程与方法”、“情感态度价值观”这三个维度在这节课中有机地融合在一起。怎样的语文课才像真正的语文课？贾老师的课会告诉你富有“语文味”的课怎样上——“‘语文味’源自文本，但发散于教师。教师丰富的语言对学生是一种滋养，丰富的文化底蕴对学生是一种召唤，洋溢智慧的妙语更是对学生心智的启迪。有了这些打底，再简单的语文课，再简洁的设计也会充满浓浓的‘语文味’，也能悄悄润泽着教师中的每一个心灵。”①

【案例2】　“我早就说过你行嘛！②

已经是中年人的曹先生，至今不能忘怀中学时代的数学老师。

“文老师”，是我中学时的同学们送给一个姓周的数学老师的雅号。说起这个名字，还有一段佳话。高中时换了一个新数学老师，姓周，他的第一节课就令人难忘：“我20年前教过数学，后来学业荒疏了；今天是再作冯妇，重操旧业。听说贵班数学尖子多，我不知能否胜任，所以今天有高处不胜寒的惶恐感。”有个同学提议，干脆叫他“文学数学老师”，这个雅号不久又被大家进一步简化为“文老师”。

“文老师”名如其人，他上数学课时，你如果不经意地走过教室，可能会认为是在上语文课。例如抽某同学上台在黑板上做题，做到中途“卡壳”了，他会安慰你说：“别着急，少安毋躁。”待同学终于做出了正确答案，他会兴奋地说：“我早就说过你行嘛！‘山重水复疑无路，柳暗花明又一村’……”最有趣的是“文老师”总爱把数学难题叫作“思维的体操”。每次在黑板上演示难度较大的例题，总爱做一步咏叹一句：“你看你看，美不美啊？”一边说，一边用夸张的花体字写出剩下的步骤，写完后以一只脚点地，快速旋转一百八十度面对同学。这时，同学们约定俗成地叫一声：“美！”于是一堂难课轻轻松松地就“功德圆满”了。

正因为这种润物无声，高考时我和几位数学尖子出人意料地报了汉语言文学专业。

【案例感悟】

教师应明确所教学科在社会发展中的地位，深刻认识本学科并有自己独到的见解。在整个教学过程中，用自己对本学科的理解和热爱去感染和引导学生，用历史上本学科的大家为学术和科学奋斗的典型故事和现代生活中本学科知识广泛应用的事例来教育学生，激发他们学习本学科的兴趣。实践证

---

① 武凤霞．武凤霞讲语文［M］．北京：语文出版社，2008．

② 田立君．论教师心理健康［J］．教书育人，2007（51）．

明，许多学生就是在教师对某学科热爱的感染下，选定了人生的目标。

2. 教育教学理论知识——解决“如何教”的知识——要义在用

教育学、心理学的知识又称条件性知识。它主要由帮助教师认识教育对象、教育教学活动和开展教育研究的专门知识构成。在教学中，条件性知识涉及教师对如何教问题的理解。在教与学的领域中，教学过程被看作是教师将其具有的通识性知识、本体性知识转化为学生可以理解的知识的过程。在这个过程中，教师使用教育学和心理学的规律来思考通识性知识、本体性知识，即对通识性知识和具体的本体性知识作出教育学和心理学的解释。例如，如何处理教材，如何激发学生的学习动机，在课堂中如何组织、设计和实施评价等。条件性知识、通识性知识、本体性知识，以上三种专业知识的简单叠加并不能形成未来教师完整的知识结构，也不能带来教师专业素质的提高和发展，它们还必须由实践性知识来使其内化为教师自己的专业素质。

【案例 1】　　　　　　　对知识的求知①

我们班的学生都是艺术生，同学们都比较活泼，因此我们班也被别人叫作“乱班”，也没有老师愿意教我们。2009 年 9 月，我们迎来了一个新班主任，当老师进教室的时候看到的是这样的场景：教室的课桌椅被分成了几个摊子，每一个摊子的边上都有几个同学挥舞着扑克，酣战得难解难分。看到新班主任进来，他们才恋恋不舍地停止游戏。老师让大家把桌椅整理完毕，站在了讲台前。这时，全班同学都神色紧张，手足无措地坐着不吱声，等待着老师的批评。老师对我们笑了笑，缓缓地说：“同学们，作为新来的班主任，我第一幕见到的就是你们学习‘54 号文件’的积极性。好，我现在也和大家一起研究一下。”面对同学们既放松又诧异的神情，老师接着问同学们：“你们知道为什么一副扑克牌要分 4 种花色，每种花色有 13 张，一共有 54 张牌吗？牌中有 J、Q、K 等人物，这些人物又代表的是谁呢？”学生们脸上浮现出热切的求知的表情。这时老师就简单地介绍了扑克牌的由来，4 种花色的象征，有关历史人物等。此时，我们对老师充满了好感。老师接着对我们说：“大家想一想，一副小小的扑克牌中就蕴涵着这么多的知识，可见，知识在任何地方都有用武之地，那么，大家是否愿意从今天起，跟着老师一起去遨游知识的海洋呢？”我们用热烈的掌声回答了老师。从此以后，

① 齐齐哈尔大学音乐与舞蹈学院学生作业案例。

我们班也改变了以往的面貌。

【案例感悟】

教师的工作是一种需要感召力、震撼力和影响力的特殊工作。一个教师要能在教学中感染每一个学生，使教学充满启发、神奇和诱惑，在通识基础、精学专业的基础上，还需具有教育科学知识。教育科学知识可以帮助教师用各种方法去激起学生的学习兴趣，善于用学生所理解的方式去表达任何高深的内容并保证能使学生理解和掌握，从而免除教学的失误和浪费，取得预期的教学效果。

3. 个人实践知识——教师在具体教育教学情境中应变性的知识

“个人实践知识包括教育信念、自我认识、人际知识、情境知识、策略性知识、批判反思知识。”① 教师的实践性知识是教师在面临实现有目的的行为中所具有的课堂情境知识以及与之相关的知识，更具体地说，这种知识是教师经验的积累。从本性上说，“教育机智”是一种实践性知识，这一部分知识不像其他知识一样是共同的，往往带有个人色彩，是具个人特点的知识，也可以称它为经验性知识。教师的实践性知识分为教师的教育实践性知识、教师的教学实践性知识和教师的科研实践性知识。教育实践性知识是教师校内外教育经验的结晶，它包括多方面的经验。教学实践性知识包括教师在课程、教学设计、教学方法、教学过程、学法指导等诸方面的实践经验。教师的科研实践经验包括了教师在教学研究和教育科研方面的实践经验。科研实践性知识又称为教育探索。教师进行教育探索是达到专业成熟的重要途径。

调查结果表明，中小学教师的实践性知识来自于课堂教学，从教师自身的实践中萌生、滋长起来，在对自身的课堂及其他教师的课堂进行反思中得到涵养，在和同事的日常交流中不断生成。因此教师实践性知识的获得，不能只由“讲解”、“指导”、“阅读”、“写文章”之类形式习得，而是在完成具体的教学任务的过程中，依据具体的问题情境，经由教师的实践感知，理性反思与同事的互动启发等过程中获得。有学者指出，专家教师之所以成为专家，就是因为在他们的知识结构中占有很大成分的实践性知识，而且随着教师的成长，实践性知识在教师的知识结构中地位和作用越来越重要，作为优

① 陈向明．实践性知识：教师专业发展的知识基础［J］．北京大学教育评论，2003（1）．

秀的教师是以实践性知识为基础和特色的。①

教师实践性知识是教师从事教学活动所必须具备的智力资源，是教师从事专业活动时所体现出的一种独特的智慧。对于学校和教师个人而言，实践性知识的洞察与学习，挖掘与利用是至关重要的。过去教师的实践性知识之所以没有被有效地用于专业建设，是因为没有被认可。虽然在教育教学中被广泛有效地运用，但没有被视为“有价值的知识”，很多教师自己也没有意识到实践性知识的存在和可贵之处。通过对教师专业发展的研究，特别是对优秀教师实践性知识的个案研究或叙事研究，会发现优秀教师实践性知识在其专业成长中的作用非常明显，因此，我们应重视教师实践性知识的研究，充分挖掘与利用，并将其有效地应用于教师的专业建设中。

教师实践性知识的特征：

（1）经验性。基于教师的经验，源于教师的经验，并通过对经验的反思得到发展。

（2）实践性。根植于教师的教学实践，并在教师的教学实践中得到发展。

（3）个人性。基于每个教师独特的个人经历和体验，依附于个人，具有鲜明的个性色彩。

（4）情境性。在特定的教学情境中产生并适用于特定的课堂情境。

（5）反思性。基于对经验的反思。

申继亮等认为教师实践性知识是关于课堂情境及与之相关的知识。陈向明指出，教师的实践性知识是教师真正信奉的，在其教育教学实践中实际使用和（或）表现出来的对教育教学的认识。

随着新课程改革的深入，参与改革的人们意识到课程的理念再新，教材编得再好，教学的条件再有利，如果教师本身跟不上的话，一切都会化为乌有；反过来说，在教材的编写上，在教学的环境上，或者其他有什么不足的地方，可以通过教师的教学来弥补。课程改革理念、思想、内容再好，都只是文本的，最终它要通过教师的行为，通过教学行为的改变来作为一个标志。因此，人们逐渐意识到，如果实施大规模的教育改革，就不应该把这些改革“施加”给学校和教师，而是要赋予教师专业选择的能力，其中不但要考虑教育理论，还要考虑他们的校本知识以及他们对学生的理解，尤其是他

---

① 钟启泉. 现代课程论（新版）[M]. 上海：上海教育出版社，2003. 542.

们在职业生涯中逐渐获得的专业知识。[①] 他们在职业生涯中获得的这些知识不同于教育理论者的知识，它源自教师的教学实践，同时也深深地影响着教学实践，是教师自身经过学习和亲身体验，并通过不断的实践和反思得出的实践性知识，实践性知识是指导教师行动最实用的知识，并在教师接受外界信息时起重要的过滤作用，理解并揭示它，能够帮助教师了解自己，提高自己的反思意识和改进工作的能力，为教师的专业发展提供建设性工具，因此教师实践性知识研究正在成为教育学专家们和教师在课程改革情境中必须共同面对的课题。[②]

【案例 1】 教学之道——是什么让我的教学效果更好[③]

这部分资料的收集是一个偶然。在我跟踪李老师的过程中，恰好赶上本市有一次全市的学科教师的考试，各个学校都很重视，在考试前都进行了多次的模拟试卷练习，李老师所在的学校也不例外。我看到试卷中有些试题能反映出教师的实践性知识，于是选择了一些题目及教师的解答记录下来。下面选择的内容是从四张试卷中选出的，都是空间与图形部分，除了选李老师解答的内容外，还选了她同年组两位教师的解答，一个是年轻普通教师 A，另一个是年长普通教师 B。

资料整理与分析

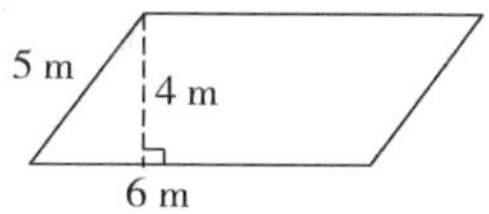

第一题：如图，一位学生是这样求下面图形面积的：6×5＝30 平方米，问他为什么，他说平行四边形有容易变形的特点，把这个平行四边形拉成长方形，因此相邻边就变成长和宽，用相邻边相乘就求出面积了。你认为这个学生错在哪里？你怎样向他解释？

李老师：这个学生错在平行四边形变形过程中，没有理解平行四边形的周长不变，面积却因为平行四边形变形中高的改变而改变。采用下面的方法让学生明白自己为什么错了，第一、给学生一个纸做的如图所示的平行四边形学具，让他用剪刀沿高剪开，把剪下的三角形平移到右边，拼成长方形，学生会发现这个长方形的长是 6 米，宽是 4 米，也就是平行四边形的底相当于长方形的长，平行四边形的高相当于它的宽，因此平行四边形的面积是

① ［荷兰］尼克·温鲁普，简·范德瑞尔，鲍琳·梅尔. 教师知识和教学的知识基础［J］. 北大教育评论，2008（01）：2－19.

② 孙兴华. 小学数学教师实践性知识研究［D］. 长春：东北师范大学硕士学位论文，2009.

③ 孙兴华. 小学数学教师实践性知识研究［D］. 长春：东北师范大学硕士学位论文，2009.

24 平方米。第二、利用多媒体课件演示，把变化前平行四边形与变化后的长方形进行比较，学生会发现变化前后周长没变，但平行四边形的高发生了变化，所以面积变化了。第三、向学生进一步明确这三个条件都是平行四边形的什么，6 米、5 米是它的底，而 4 米是 6 米这个底上的高，求这个图形的面积也不能用 5×4，必须底和高相对应。在这个题中求平行四边形的面积，5 米是多余的条件。

年轻教师 A：错在学生没记住平行四边形面积公式。应告诉这个学生平行四边形的面积是底乘以高，而不是底和底相乘。

年长教师 B：第一、做一个与原图形一样的能活动的平行四边形，变成长方形，与原图形对比，就会发现平行四边形的面积不是 6×5=30 平方米。第二、帮助学生进一步分清底和高，也要让学生明白有时题目当中是有多余条件的。

对于这个问题的解释，三个教师差别较大，比较相似的是李老师与教师 B 都选择演示操作，认为学生没有真正理解平行四边形面积计算公式。另外，她们也认为学生对于题中的多余条件理解也存在问题，而教师 A 则认为学生存在的只是记忆性的问题。李老师向学生做解释的内容更为丰富详实，不仅选择演示，同时她认为学生自己直观操作更有利于学生的理解，所以给出的第一方案是学生自己动手操作。可以看出，三个教师提供的策略反映出他们解决问题的图式是有差别的，作为优秀学科教师的李老师解决问题的图式更丰富而精细。另外，也能看出李老师解决问题时尽量想办法促进学生的理解，这正如杜威所指出的："教师关注的是他自己拥有的学科知识如何能帮助理解儿童的需要和行为，并决定该以哪种媒介给予学生恰当的指导。"①

对于这个问题三个教师都选择提供例证向学生解释，方法及选择的例子也很相似，不同的是李老师让学生从不同图形及不同角度理解自己的问题，而其他两位教师选择的例证比较单一。李老师不仅找出学生的偏见及误解是什么，而且提供更多样的消除误解的有效策略。由此可以看出，学科教学内容知识丰富的教师能够提供恰当且多样的表征，以此解决学生的困难。

① 转引自徐碧美．追求卓越：教师专业发展案例研究［M］．陈静，等译．北京：人民教育出版社，2003：59．

二、有效教师

【案例分析】

从上面的资料记录中会发现三个老师对于这几道题的基本解答大致相同，但李老师给出的解答更细致一些，内容也比较丰富，年长普通教师较年轻普通教师也略丰富一些。有研究表明随着问题解决者在某一领域里问题解决经验的增多，问题解决者的头脑中会形成越来越精确的问题图式，这种问题图式是造成专家与新手或者好的问题解决者和普通的问题解决者之间差别的主要因素（Quilici & Mayer，1996；Nesher & Hershkovitz，1994；Chinnappan，1998）。问题图式是解题者个人的解题经验的积累，完全是一种个人知识。因此，教师要向学生传授什么样的问题图式与教师个人的问题图式的积累有直接的关系，只有当教师首先具有某些问题图式的时候，才有可能在教学中传授这种知识。从上面的记录中可以看出，李老师作为优秀的教师有着丰富而精细的图式，因此能提供出更多的解决问题的策略，其他两位老师提供的解决问题的策略有一定的差异。①

除了从问题图式角度解释李老师的个人知识，我们还可以从教师的学科教学法知识角度揭示李老师对上述问题处理的特点。学科教学法知识指的是为了促进学生理解而使用类比、样例、图示、解释和演示等方法去表征学科知识。按照舒尔曼的理解，学科教学法知识是学科知识和教学法知识的整合，它是教师个人独一无二的教学经验，教师独特领域学科内容和教育学原理的特殊整合，是教师自己对专业理解的特定形式。学科教学法知识是教师实践性知识的核心部分，它既是教师特有的、影响教师专业成长的关键因素，也是学科教师与学科专家不同之处。上述三位老师都选择了用图示、例子、演示等向学生解释题目，这样会使学生对题目的理解更容易，同时也是三位教师一致的想法，这说明无论经验是否丰富，在对学生进行说明解释时选择运用图示、例子、演示是所有教师都习惯运用的。不同的是三位教师所举的图示、例子及解释有差别，李老师作为一个学科优秀教师，所具有的学科教学法知识使得她能从多个角度理解问题，对具体教学内容进行教学法处理的知识和经验十分丰富。有学者指出：“学科内容知识是教学的重要基础，但专家教师的内容知识并不是搞好教学的唯一决定因素……专家教师对许多事物都有着丰富而深刻的理解，这种理解体现为他利用各种各样可行的教学方法的能力。实际上，正是由于具有在不同教学方法之中转换的能力，使他

---

① 孙兴华．小学数学教师实践性知识研究［D］．长春：东北师范大学硕士学位论文，2009.

们赢得了‘聪明的实践者’的美誉。”①

4. 一般科学文化知识——通识性知识——要义在广

一般科学文化知识，又称通识性知识，即通常意义上的知识。它是教师向相关学科拓展的知识，是教师根基性的知识，这既是要与充满好奇心、随时会提各种问题的学生相处并激发他们的求知欲、胜任教师角色所必需的，也是随着时代、科学发展而不断学习、不断完善和发展的教师所必需的。

教师的通识性知识是指教师所拥有的有利于开展有效的教育教学工作的普通文化知识，这种知识无论是对于学生的全面成长还是教师的专业发展都起着十分重要的背景性作用，是师生成长之树的庞大根系。通识性知识的储备只有通过广博的阅读才能获得。“问渠那得清如许？为有源头活水来。”教师的智慧从阅读中获得。它使教师具备深厚的文化底蕴和开阔的文化视野，如哲学知识类，自然科学类，人文类，艺术类，技术方法类，综合类等。一个专业化的教师，首先应当是一个一般科学文化的“继承者”，能够自如地应对一般性社会事务；其次应当是一个一般科学文化的“创新者”，能够在学科知识的交叉冲突中寻找突破点，创新、丰富和发展科学文化知识；再次还应当是一个活生生的“大教育者”，不仅能够开展学科专业教育工作，而且还能够给予学生广泛的人文影响。同时，一个善于读书、热爱读书的教师必将影响他的学生。通识性知识的发展是帮助教师成为有思想的教师，不再是那种只能根据教科书、课程标准、教学参考书来教学的教师。

【案例 1】　　教师的另一种贫困②

一位网友在某教育网站的论坛里写道：

我曾看见一名数学老师，很有敬业精神，一天到晚除了认真上课，精心批改作业，就是钻研各种难题。他对每年的高考数学试卷的解答，总是最快最好。但报纸，从来不看一张，一年也不翻几回；图书馆难得光顾，影视几乎不看。他觉得不能把时间浪费在这些上面。可是他的教学很一般，学生反应也不太好。对此，他很不解。请问，为什么他“好心没得好报”？这样的教师能说是好教师吗？

---

① 徐碧美．追求卓越：教师专业发展案例研究［M］．陈静，等译．北京：人民教育出版社，2003：64．

② 王红艳．www．pep．com．cn．

【案例感悟】

教师建立知识结构，一定要防止知识面过窄的单打一偏向。教师的知识结构和知识储备如果不经常更新，经常吸纳来自各方面的信息，就会被社会所淘汰，不被学生欢迎。只有教师的知识面比学校教学大纲宽广得多，教学大纲的知识并不处在大脑的中心，而是处在大脑皮层最积极区域的一个角落里，那时候，他才能成为教育过程的能工巧匠。

【案例 2】　　以物理学科为例

物理学的发展历来是与数学、化学、生物学、计算机科学等学科紧密相连的。而计算机知识和外语知识是每个教师必备的、重要的能力，网络教学、课件制作、双语教学是教学发展的趋势，未来社会不懂计算机和外语是功能性文盲。此外，物理教师应力求具有广博的文学修养和深厚的艺术底蕴。教师掌握一些必要的相关学科知识，将有益于对知识的理解和学习，为教学奠定雄厚的根基，适应课程改革从单一走向综合的趋势，成为“一专多能”型教师。

【案例感悟】

教师要有广博深厚的文化基础和学术视野，这包括社会科学、自然科学以及人文学科的知识和理论。普通文化知识具有陶冶人文精神，提高人文素质的内在价值。它可以给教师以深厚的文化底蕴，高品位的人文素质，具有广博的眼界和宽阔的胸怀，形成饱有学识，居高临下的气质。

二、教师要“自始至终完善自己”——优化教师知识结构

有效教学的最终标准是学生成长。学生成长的源头活水是教师自身的发展。

教师要有合理的知识结构，精湛的教学能力。终身学习是达到这一目的的保证。《学会生存》告诉我们教师如何“自始至终完善自己”。

教师要具有不可替代性——教师专业化，如何实现教师的专业化

俗话说“名师出高徒”。教师如果本人“以其昏昏”，如何能培养人“使人昭昭”，所以优化教师知识结构势在必行

1. 从封闭型结构到开放型结构

目前，我国大多数教师的知识结构基本上还属于封闭型结构。所谓封闭型结构，即是知识内容不变或基本不变的结构。教师的主要知识基本上局限于教科书中的内容，而教科书中的内容往往长期不变，知识的陈旧和老化成为这种封闭性结构的一个重要特征，这样的知识结构显然不能适应当代社会知识不断更新的状况和社会不断发展的要求。

【案例 1】　　真正的启发式是什么[①]

特级教师张思明认为，教师的创造性更多地体现为对问题的设计、环境的创设以及引导学生走向创造的那种创造性。他认为真正的启发式不是提问题设圈套，让学生一个一个回答，而是教师自然地创造一种提问题的氛围，让全班同学的脑子都快速地转动起来。而且这种问题环境并不以课堂为界限，而是一直延伸到课堂外、假期中，以至于学生的整个生活之中。比如，多速自行车的速度数是怎么确定的？请你调查一下市场上的多速自行车，其速度数是否和标称的一样？十字路口的红、绿、黄灯的时间比多少才合适？一笔款子怎样存可以获得较多的利息？大宾馆的多部电梯，当客流较大时，怎样设计运行方案才合理？

显然，这样的作业题，不是坐在教室里或者家里就可以完成的。它常常需要实地的观察、实验，需要借助网络等课堂之外的东西，需要对信息进行选择、分析、加工和处理，这是一种研究性的学习。假期来临，张思明不是给学生留一大堆笔头作业。他说，每次开学时学生交来一堆应付差事式的不过脑子的作业，没有多大意义。为唤起学生的主动学习意识，给他们提供展现创造力的机会，他把传统的假期作业改成 8 类可供选择的作业：(1) 阅读一本科普读物，写一个书评；(2) 找出数学学习参考书中的三处非印刷性错误，并予以更正；(3) 利用立体几何展开图的知识，用纸制作模型或工艺品；(4) 采集生活中的数学问题并试着解决它。如：游戏中的数学、体育中的数学、玩具设计中的数学、商业服务中的数学…… (5) 写一篇数学小论文，可以是小发现、小研究、小成果、小窍门儿……甚至自己的解题失误

---

① 给你数学的美丽天空：记北京大学附中数学特级教师张思明［N］．中国教育报，2002-09-07 (3).

谈；(6) 利用掌握的数学知识，自编三个数学小综合题（要求运用几何、代数、三角甚至物理、计算机等两到三科知识）；(7) 用计算机自编一个程序，解决某学科的一个问题；(8) 以计算机为工具进行“微科研”，推荐选题有六个。当每个学期开学时，都是张思明和他的学生们一个丰盛的收获的节日。

2. 从被动型结构到创造型结构

个人的创造力与哪些因素有关，这仍是一个探讨中的问题，但有一点可以肯定，那就是知识结构也是影响乃至制约创造力的一个重要因素。个人头脑中接受的知识的程度和类型不同，其创造性的强度和方向也不同。在我国，大多数教师的知识结构仍属于被动型结构，即这样的结构在实践创造中处于消极被动的状态，不能在创造活动中起应有的启发和引导的作用。究其原因，乃是因为现在教师的大多数知识都是被动接纳而来，没有主动选择那些与创造力密切相关的因素和材料。未来社会需要的是富有创新精神的开拓性人才，而要造就创新性人才，教师本人首先就应当具备创新意识和必备的创造能力。要做到这一点，必须调整教师的知识结构，使其从被动型结构转向创造型结构，这其中，十分重要的是要增加能力及方法方面的知识在教师知识结构中的比重。在被动型结构中，知识与能力是分离的，而在创造型结构中，知识和能力是统一的。

【案例 1】　我的语文教学主张：为言语智能而教①　薛法根

语文教学应以发展学生的言语智能为核心，走向生活、走向综合、走向运用、走向智慧。发展学生的智慧潜能是教育的价值追求，发展学生的言语智能是语文学科的独当之任。语文教学应该重视“双基”，但知识不等于智慧，技能也不等于智慧。语文教学必须超越知识和技能，走向智慧，建立在三根支柱上：“鲜明的思想”、“活生生的语言”、“儿童的创造精神”。

“为言语智能而教”是解决语文教学“高耗低效”顽症的一剂良方。第一，长期以来，语文课程、教材未能解决语文课程内容与教材内容的问题，尚未形成科学的、可表述的语文学科内容结构。教学中内容繁杂，分不清学

① 薛法根. 为小学生言语智能的发展而教 [J]. 江苏教育，2010 (15).

科界限、年段界限、主次界限，语文教师缺乏鲜活的、适切的语文知识。缺失适宜的语文教学内容必然带来语文教学的低效，甚至是无效、负效，也必然弱化语文教学的专业性。深入研究语文学科的核心知识，正确解读语文教材课文，重组、整合散落在文本中的语文知识，研制适合学生的教学内容，是破解语文教学“高耗低效”顽症的必由之路，也是提升语文教师专业化程度的快速通道。第二，目前的语文教学习惯于“以文本内容学习带动言语能力培养”，强调学生的“感悟”，然未能就“经验、思维、想象”这些“感悟”的内在要素作学理的解析，没有提炼出具有普适性的教学方法与方式，难以应对不同的文本与不同的学生。其实，语文教学还应该探索另一条路，那就是“通过文本内容学习语文知识，进而通过训练提高言语能力”。核心是强调“习练”，授予学生的是语文学习的策略性知识，训练的是学生自主学习的语文能力与习惯。这一条路是清晰的、可把握的，是破解语文教学“高耗低效”的可行之策。第三，语文教学承载了太多的“使命”，因而头绪繁多，方向不明，不知为何而教，因而常常“种了人家的地，荒了自家的田”。语文教学应该以发展学生的语言智能为核心，走向综合的生活实践，让学生在实践中获得更为丰富的文化背景，生长出言语智慧，获得一生有用的东西——带得走的语文。

我的教学探索：基于上述认识，我于1999年提出了小学语文组块教学的构想，试图实现小学语文教学内容结构化、方法科学化、过程最优化，突破“高耗低效”，创造适合学生言语智能发展的语文智慧教学。组块教学采取“课例研究＋理论建构”相结合的研究方式，经历了三个探索阶段：

第一阶段：2000—2004年。在总结以往成功经验的基础上，借鉴相似理论、图式理论等，将“组块”这一心理学中的概念赋予新的内涵，原创性地提出小学语文组块教学实验构想。这一阶段的研究重在“语文教学方法和课堂教学结构”，倡导“简约”，追求“智慧”，体现返璞归真、大道至简的教学理念，形成了鲜明的教学特色和风格。

第二阶段：2005—2009年。研究重心逐步转移到教学内容的研制和教学策略的选择上，提出了“组块设计、智慧教学”的理念，着力三方面的研究：一是根据不同的文体，从不同文体不同读法的视角，研制适宜的教学内容。重点研究了小说、散文、诗歌等的阅读策略及教学内容设计，并提出了基于组块原理的阅读教学和作文教学策略；二是变革备课方式，摒弃线性的环节设计，采用板块式设计。深入研读教材文本，提出了用三种眼光看教材的思想：从儿童的眼光来解读、用教学的眼光来审视、用生活的眼光来选择。并根据教材文本语言的三个层次：适合儿童现时交流的伙伴语言；适合儿童发展的目标语言；适合文学作品的精粹语言，发现文本中适合学生学习的语言要素，重组并整合成相应的语言学习内容板块，每个板块集中一个核心目标，设计多项教学活动，提高教学目标的达成度，从而提高教学效益。板块式备课使教学目标、教学内容与实际开展的教学活动实现了一致性。三是课例的分类研究，将所上的《爱如茉莉》、《我和祖父的园子》等典型课例按照文体进行归类研究，从中寻找该类文体的教学内容结构和研制策略；对同一文体的典型课例按照年段进行纵向比较研究，从中发现年段之间在教学内容、教学目标上的差异，建立合理的内容序列。

第三阶段：2009 年始，组块教学将从儿童言语智慧潜能发展规律出发，探究语文教学内容的生成性和策略的适切性，实现“儿童语文的智慧教学”，奠定组块教学独创性的理论基础——“言语教学智慧论”。

4. 有效教师的教学能力

教师的教学能力是教师进行有效教学的核心能力。结合教师工作的特定领域和特定任务，我们认为，教师的教学能力主要是指教师成功完成教学任务所应当具备的专业能力，而不包括任何一项工作都须具有的观察、注意、思维等一般能力。这些能力包括：

1. 教学的组织能力，包括内容的组织、过程的组织、活动的组织及自我的组织等。

2. 语言表达能力，包括口头语言、书面语言和体态语言适合教学需求和学生身心发展特点，富有高度的逻辑性与艺术性的统一。

3. 教学设计能力，主要表现在内容选择、方法选择、形式选择、问题选择等等。

4. 教学评估能力，包括利用上述三种语言的即席评估、定量与定性评估等等。

5. 班级管理能力，包括班集体的建设，班级活动的设计与开展等。

6. 教育科研能力，包括教学研究、教育实验等。

7. 团结协作能力，包括科任之间的协调，活动的协调等。

一、语言表达能力

苏霍姆林斯基曾说："教师的语言修养，在很大程度上决定着学生在课堂上的脑力劳动的效率。"一些优秀的教师善于用生动有趣的语言把枯燥乏味的物理概念和规律讲得有声有色。用浅显的、形象的语言把一些抽象的、艰深的知识讲得明白易懂，深入浅出。教师在课堂教学时，应该语言流利清晰，声音抑扬顿挫，富有煽动力和感召力，唤起学生的共鸣。一位优秀的教师，必须是一个演说家，一个鼓动家，用他的语言艺术，说服学生，激励学生。

"老师，一生要琢磨的就是让学生听明白！"（易中天）真理总是最朴素的，有效教学是把"抽象变形象，复杂变简单"，让学生觉得这一切都那么生动、形象和有趣。而通俗易懂的载体是教师语言。

教师语言技巧的背后是"以人为本"的宗旨。教育应当是最人性化的活动，教师的语言在注重科学性的同时，更渗透人情味，充满对个体生命的关怀。技巧属于“术”，是一种技能，它当然可以体现在一些做法上，但我认为它首先又不是一种技巧，而是一种情怀，真正的核心是“道”，即教育的内涵，那就是“爱”，存在于整个教师的人格之中，它是给一切教育活动送去光辉的伟大能源。读《陶行知教育文选》时，先生有一段话特别震撼我的心灵：“要想完成乡村教育的使命，属于什么计划方法都是次要的，那超过一切的条件是同志们肯不肯把整个心献给乡村人民和儿童。真教育是心心相印的活动。唯独从心里发出来的，才能打到心的深处。”说到“教育”，不少教育者往往更多的是把眼光投向教学内容、教学方法、教学设备、考试制度等等的改革，这些当然是必要的，但是我认为，教育绝不仅仅是教育技术层面的事，而首先是一种充满情感的精神交流，是“心心相印的活动”，离开了情感，一切教育都无从谈起。教育的精髓在于“道”，要悟，要提升自身的精神境界。语言只是载体，是外壳，没有内在的教育底蕴，包括教师正确的学生观、价值取向、对学生心理的了解体会以及丰富的学识积淀，一句话，没有对学生的真挚之爱，多么华美的技巧也只能是雕虫小技，是无源之水，无本之木；只有爱心和智慧生成的力量才会创造神奇的教育童话！所以说没有以爱为底子的语言技巧只能是塑料花。你的学生观决定了你的语言风格，甚至你的语气、口气、肢体语言（用案例展开谈），都在不经意中表露着你的倾向。“好心肠才有好舌头”，“好人才会是好老师”。一个恶毒的心肠怎能说出春风化雨的语言，只能冒出尖酸、刻薄、挖苦人的话；一颗冷漠的心怎能呈现出温暖如春的笑脸，俗语道“相由心生”。所以探讨教师语言的技巧只是外壳，真正的源头之水是伟大而内敛的师爱。

教师的语言能力是其内在素质的延伸。它的源头来自思想，是读书、思考和人生历练的浓缩。你在给学生讲课（教学口语）和平时谈话（教育口语）时，是输出信息，你输出的量与质是由你的输入决定的，读书和实践就是输入。语言是一个人在精神方面、在气质方面的一个折射。教育家钱穆先生曾说：“中国文化最要处，是它的道德精神，乃在其能看重学做人，在其能看出人的理想和境界，可以日新月异地上进。教师的内心境界应是天天在进步。”“敦品立德”，涵养精神，事事可育人。

教师语言，只是学生的一个向导，最终目的是培养每个学生建立自己的语言库，形成自己的话语体系，具有个性风格，是活的语言。

教师不是演员，也不是教练，他仅仅是学生自助游时的一个向导，不是炫耀你的学问，不是你在表演，教学的过程也是一个师生分享人生体验的过程，是沟通和碰撞的过程。因此通过有成效的教师语言培养学生的口才，有道是“一流的见解要有一流的表达，一流的人才要有一流的口才”。俗话说：“一句话让人笑，一句话让人跳。”教师的语言是开启有效教学的钥匙。

【案例 1】　　贺臣语录

贺臣，男，现齐齐哈尔实验中学高三年组资深级化学教师，奥利匹克化学竞赛组组长。任教 30 年，讲课风格严谨且幽默，他的化学课是历届学生的“难忘”！上他的化学课，你别想能瞌睡！他的语言，他的魅力，全在他的化学课堂上！他的粉丝遍布大江南北。以下选自“粉尘”的节选：

认识的顶起来，有话想说的可以补充。

贺臣基础篇——

1. 氨基酸算什么肽？肽？单肽？一肽？还姨太太呢。

2. 别以为多元就强酸，八元弱酸也不如一元强酸。

3. 好说不好做，设计很奇特。

4. Ge？扯！

5. 弱科潜力大，高考看总分。

6. 楼梯口已经挤满人了，现在走也是不赶趟了。欲速则不达。我们讲完题之后你们再出去就没有人了。

7. 不要用嘴咀嚼铝片。

8. 取高考而舍上网——舍鱼取熊掌。

9. 豆浆＋蔗糖＝甜豆浆　豆浆＋食盐＝咸豆浆　豆浆＋卤化镁＝豆腐脑　加压＝水豆腐　再加压＝干豆腐

10.“王师尧？睡着。”

贺臣冲刺篇——

1. 机会的二倍不还是机会吗？

2. 名称错误。有的老师问写符号给不给分啊？我问写错了给不给分啊？他说人家都会没写对，我说我会的多了都没写对，你知道我会多少啊？

3.“关于有机方程式的漏小分子问题”三硝基甲苯＋加水（对不起大家，那个化学符号弄不出来啊，不知道到哪里可以粘贴，反正都是这个意思，就是那个大分子很复杂）“你要是把大分子漏了，我算你厉害！金宇航有一回在奥三班连漏三回呀！三回呀！（此时，摇头，加手势“三”，注意是中间三个手指。）不过人家以后就一次也没有漏过。”

4. 烷醛酒变醋

5. 白橡胶要美，黑橡胶要壮。白橡胶要美丽，黑橡胶要健康。

6. 金宇航一走，群龙无首。(依据一模成绩感慨)

7. 那我说我聪明，有啥证明啊?

8. 玻璃再干净能看见，安在窗户或门上就容易撞上，“镜子”撞上的都有。

9. 那有可能烷啊？那后面还有氧呢。那你可真完。

10. 你不可以前门赶走狼，后门又引进虎。但你可以前门赶走狼，后门引进狗。猎犬是无害的杂质。

11. 漏了气，凡士林。再漏气，换仪器。

12. 先灭灯，再停氢。一防氧化，二防爆炸。

13. 渗析专指透过半透膜，那就好像“骑汽车”。(开自行车)

14. 考纲里说删去了 Na_2CO_3 和 $NaHCO_3$，我看不行，那留着 Na_2O_2 变成啥呀? C 和 C 的连接方法删去，那有机不全删了吗?

15. 想到第一方面偏了，想到第二方面对了。两方面都想到就不好办了。

16. 用“李博”(铝帛)包着钠，产生多少氢气。注意不要落下“李博”。

17. 夸张法好，一夸张就显然，一夸张就简单。

18. 托蒂吐口水，停赛三场。二班发嘘声，停赛三天。

19. 别心那么宽，命那么薄。

20. 历尽磨难，方成正果。

21. 这个问题咋还错呢？实际上我讲过。但哪界忘了。

22. 80 优秀，90 特优，100 就神奇了。

23. 现在强调规范化，有同学这么写 c 和 d (就是写在一起)，那你要这么写我就这么写 (将 abcd 都写在一起)，想浑水摸鱼啊?

24. 小火多考，效果才好。

25. 好多同学已经崭露头角，预示着高考肯定错不了。

26. 高考卷子上，除了答题卡框内，其他都可以随便画，画花都行。

27. (关于超长发挥的事) 引体向上，正拔。大约 1979，1980 年的春天，学校举行比赛，我肯定是头号选手啊。练了三个月，从 15 个到 23 个。有一两次 24 个。比赛时，一下 27 个。成绩第二，名次第四。前三名并列 28 个。但我也是一等奖。奖品那么大一个大茶缸子。其实他们仨都乱晃荡。(大家如果能记得当时贺老师的表情，动作，语调，那就会其乐无穷了。我打字时，乐了半个小时。）

28. 吃好睡好放松好，心态平和别烦恼。参加天下第一考，头脑清醒最重要。

29. 贺臣说：我语文不好，高考100分满分，我刚得59分，不及格。你们别笑，得90分很难，要不及格也不容易呀！

30. 灵学理，勤学文；又勤又灵，学啥都行。

31. 让中国队赢巴西，可能吗？理论上可能——实际不行。

32. 考试要靠实力，也要靠运气。曼联队都被名不见经传的狼队给赢了。

【案例感悟】

带着笑选录贺臣老师的语录，这位可爱的老师是我女儿高中时的化学老师，是他独特的教学方式和幽默的语言燃起了女儿对化学的热爱，网上留言“敬爱的可爱的贺老师：您的课堂太难忘了！妙语连珠！好赞！嘿嘿！”让我想起了《亲爱的爱因斯坦教授：小朋友写给大科学家的信》（爱丽丝·卡拉普丽斯编，李宏魁译，湖南科学技术出版社，2005）一书中，爱因斯坦对教育的理解——他发现在美国阿劳中学度过的时光，相比较慕尼黑而言要愉快得多：“校风自由开明，老师真诚待人，不依仗外在的权势压服人，这些都令我难以忘怀。较之在德国所过的、靠权威、靠重复训练的6年学校生活，我深深体会到，着力培养学生的独立不羁，富有个人责任感的教育方式，要远远胜过依靠外在权威、野心和机械训练的教育方式。”贺臣老师的语言能激励孩子们对周围世界的好奇心，打通阻碍老师和同学交流思想的权威式教育，是多么可贵！

【案例2】不绝于耳的“废话”——科学课的语言要科学①

科学课以传授科学知识，培养学生的科学精神为宗旨。在科学课堂上，教师用语科学是科学课堂最基本的前提和要求。但是在部分科学课堂上，我们发现不科学的语言比比皆是，概括起来，主要有以下几个常见现象：

一、“这是为什么”、“请大家再想一想”之类的语言充斥课堂。

通常情况下，这些语言并没有什么错，但根据学科特点深入分析，这些语言如果超过了数量上的“度”，就偏离了科学课的内涵要求。小学科学课，

① 刘业剑．科学课的语言要科学［J］．基础教育课程．2007（10）．

尤其是小学低中年级的科学课，应该以观察、动手、记录、获取证据为重点，而不应该把时间过多地用在解释、想象和阐述上，也就是说一定要在学生头脑中打下“客观”的烙印，逐步形成用事实说话的习惯。我们应该这样去鼓励学生：“你是怎么知道的？”“证据呢？”“你的根据是什么？”等等。因为缺乏足够的观察、记录的解释免不了推理和想象，而带有推理和想象的解释必须经过验证才有说服力。我们的指导思想应该是，把重点放在让学生充分经历探究（过程、记录、统计等）的过程上，让学生在探究的过程中获得充分的、理性的证据事实，然后再水到渠成地去解释和阐述，而不是想当然地就去解释或阐述什么。所以科学教师在什么时候使用“为什么”、“再想一想”之类的语言是有讲究的。在使用这些语言之前，一定要清楚，学生有足够的证据了吗？如果没有，就要促使学生去“找”证据，先不要忙着解释或得出结论。如果学生的回答有诸如“我想应该是……”之类的语言出现，那么教师就应该立即用“是你想吗？根据呢？”等语言予以纠正。

二、“你真棒”“真聪明”之类的语言不绝于耳。

这些语言是对学生的鼓励，教师的用意是好的，但科学课上，我们完全可以采用一些更有科学课特色的语言来替代这类主观色彩浓厚、比较空泛的语言。比如“某某又发现了一个什么现象”、“某某又观察出了一个什么特点”、“某某的回答很有根据”、“某某制作的电磁铁吸引了18颗大头针”等等，这些就是很好的激励语言。这些语言能将学生推向对科学本质的进一步探究，对所有的学生都有激励和价值指向的意义，而不像“你真能干”等非理性的激励仅仅使学生停留于表面上的沾沾自喜。科学课对学生的激励必须具有科学课的特点，这不仅是科学教学和科学探究的需要，更是对学生进行科学态度和科学精神熏陶的需要。

三、“也许”“可能”“根据本节课的研究”之类的语言几乎绝迹。

科学课上的结论很多时候是带有不确定因素的，尤其是在数据资料、事实根据不充分而又需要得出一个结论的时候，就必须实事求是地使用“也许”、“可能”、“根据本节课的研究”、“根据某某同学的研究”等等之类“准确”的语言，这是科学性质和科学精神的“刚性”要求。比如我们研究了“水有热胀冷缩的性质”后，就不能得出“液体有热胀冷缩的性质”的结论，而只能进行“也许液体都有热胀冷缩的性质”的有一定根据的推测。张同学研究得出“磁铁两端吸力最强”，就只能得出“根据张同学的研究，磁铁两端吸力最强”，而不能得出“磁铁两端吸力最强”的结论。

四、“同学们想研究什么问题”“大家鼓励他好吗”之类的语言耗费时间。

科学课中，教师的语言要精炼，少一些开场白，少绕一些弯子，少一些废话，尽量把大量的时间留给学生去“真刀真枪”地干。要尽快地让学生进入研究状态。提倡导入精炼，一开始就让学生进入研究状态的科学课。兰本达著《小学科学教育的“探究/研讨”教学法》中的课例“里面是什么”是这样开头的：

“你们猜这里面是什么？”

“你是怎么知道的？”

“你为什么这样想？”

“谁还有别的什么发现吗？”

这四句话代表四个认识过程，第一句是猜想，第二句是方法，第三句是证据，第四句是寻找更多的证据或修正自己的解释。这就是上课一开始就引导学生实施研究过程的课。这么多年了，教师的语言为什么少不下来呢？主要原因一是对学生的不“信任”，总是低估学生；二是学生的探究学具缺乏结构性。学具缺乏结构，学生的探究自然低效，教师就只有用“语言”来“声嘶力竭”地帮忙，于是话就多了。所以，科学课的语言要科学，是所有科学教师要关注和深入研究的课题。

【案例 3】 “我和爸爸有幸到杭州来”——临场的语言诊断能力①

有一次，课堂上有个小朋友写作文时说了一句话：“暑假里，我和爸爸有幸到杭州来。”特级教师贾志敏当场马上说，你这句话有四个毛病。现场听课的教师都领会不过来，这句话听起来也可以呀！贾老师说，第一，“我”和爸爸这个“和”用得不当，爸爸是大人，我是小孩，应用“我随爸爸”；第二，“有幸”不当，你到杭州来可能是有幸的，但爸爸是大人，到杭州来很快就到了，所以应是“我有幸随爸爸”；第三，你在上海，不能说“到杭州来”，应是“到杭州去”；第四，到杭州去干什么？即便是有幸，下面的内容应该是有幸的，如果你到杭州去奔丧，也叫“有幸”吗？哎呀，真厉害！这小孩子从小就在这种严格的、正确的、敏锐的、强烈的这种语言的熏陶之下，才谈得上能够提高语文综合水平。

---

① 周一贯．培养语感，一条遵循语文教学本质的道路——论贾志敏老师语文教学艺术［J］．语文教学通讯·小学刊．2005（1C）．

【案例分析】

特级教师周一贯在《培养语感，一条遵循语文教学本质的道路——论贾志敏老师语文教学艺术》指出：贾志敏老师以当场的语言诊断在课堂生成中沉淀学生的语感。这是贾老师的课最让人感动的地方。他不放过每一个小朋友说的每一句不妥当的话。他绝对追求的是正确、敏锐、强烈地去感觉、感知、感悟语言。这里有六个要素：敏锐、正确、强烈、感觉、感知、感悟。这种语言训练的功夫令人钦佩。老师在说学生的病句的时候，有的听课老师都还领悟不过来呢。贾老师临场诊治学生病句的能力，正是一些语文教师所忽视的问题。在很多课堂里，有的小朋友说的话明明不对，老师都说他是对的。所以他从小就得不到准确的语言的刺激和准确的语言的感受，那你说这样怎么能培养出学生会有很好的语言素养呢。

二、教师专业技能

教师的教学技能是教师职业训练的一个重要组成部分，也是每一名师范生刻意留心学习的重要内容。师范或教育院校的学生因在学习过程中接受了这方面的培养和训练，所以他们不是以摸索、以牺牲学生发展的练习形式开始教学过程的。而缺乏教师职业专业化训练的从教者，要经过一定时间的演习，才能渐入从师境界。关于教学的技巧，澳大利亚特尼等人的研究很有代表性。他们把教学技巧概括为七个方面：

1. 动力技巧，包括加强学生的行为，多样刺激，入门，鼓励学生参与、接受并支持学生感受、表达温暖热情以及认识并满足学生的需求。

2. 讲授与交流的技巧，包括解释，戏剧化，阅读，使用视听辅助教学工具，鼓励学生反馈，澄清，表情，速度以及有计划地重复。

3. 提问技巧，包括反复，集中与指导，引导，高难问题、歧异性与多样性问题以及激发学生主动性。

4. 小组个人辅导技巧，如组织小型小组工作，培养独立学习能力，咨询，鼓励合作活动及学生间的相互作用。

5. 培养学生思考技巧，如鼓励探索性学习，指导发明，明确概念；使用刺激手法，使用角色和游戏刺激思维，培养学生解决问题的能力，鼓励学生进行评价与判断，并培养其批判性思维。

6. 评估技巧，包括认识与评价学生进步，确定学习困难，提出补救方法，鼓励自我评估及组织评估讨论。

7. 课堂管理与纪律，包括认识专心与不专心行为，监督课堂小组工作，鼓励以任务为目标的行为，给予指导并解决多重问题。

【案例 1】　　　　　　教室里荡秋千的教授①

假如你有机会去听麻省理工学院沃尔特·H.G. 卢因教授的物理学讲座，你将惊讶地发现这位有名的教授并没有高高在上地坐在讲台后，你也看不到他对着笔记本或者投影屏幕向观众滔滔不绝地进行讲解。事实上，你更可能发现他正在天花板上荡秋千以演示钟摆是如何运动的；或者用小猫的卷毛猛击一个学生以产生一个电荷。“学生们可能记不住一个复杂的方程式，”他说，“但是他们肯定能记住一个在空中飞翔的教授。”

当沃尔特于 1972 年开始从教时，他所想的也只是遵循传统的教学模式。“我恨不得在一个小时内把所有的知识都塞进学生的脑瓜。”但沃尔特很快就注意到学生们更容易接受他们感兴趣的东西，而最使他们感兴趣的是互动的演示而不是被动地接受知识。“关键不在于你讲了多少知识，”沃尔特说，“而在于让你的学生爱上物理这门课程。”

甚至连沃尔特的网络受众都被他激发出了一种连自己以前都不知道的对物理学的喜爱。“我经常接到孩子们的来信，他们告诉我他们理解了一些复杂的知识，而且认为我是非常有趣的。”沃尔特说。沃尔特认为不管是谁，从他的讲座上能学到的最重要的东西应该是“不要总是死死盯着方程式，而要通过方程式去看周围的世界。走出方程式，学习更充满乐趣”。

【案例感悟】

不人云亦云，有自己独特的教学思路和主张。这就是沃尔特·H.G. 卢因教授的风格。教学个性就意味着创造力与创新。歌德曾说：“风格是艺术所能企及的最高境界，是可以向人类最崇高的努力相抗衡的。”教学风格是标志着教师教学艺术高度成熟的桂冠，因为教学艺术集中体现在教师是否形成了独具特色的教学风格。优秀教师都以形成自己的教学艺术及其风格作为追求的目标。良好的教风对学生的学习和心理都起着潜移默化的影响，有助于学生的学习和教师的教学。特级教师薛法根认为，所谓教学风格，是教师在长期的教学实践中形成的稳定而又独特的教学风貌，是教师教学走向成熟的标志。教师的个人素质和修养是影响教学风格形成与发展的内因，可以说，是素质涵养了风格。概括地说，个人的素养主要体现在“底气、勇气、

---

① 艾丽娜·拉森. 教室里荡秋千的教授［J］. 读者，2011（12）.

才气”三个方面，分属心理学“知、情、意”三个领域，正是这三个“气”积聚成了教师具有个性特点的教学方法、教学思想与教学机智。

【案例2】千课万人之“吴正宪【有效教学设计】” 蓝岚

吴正宪老师以“因数和倍数”这一内容为例，给我们讲了如何进行课堂教学的设计：

1. 整体把握教材：要了解教材之间的联系，这一知识点的发展方向，也就是说它是从哪来的，要到哪去？它在整个小学教材中处于什么地位，在本单元有什么作用，教材是如何安排这一概念的展示的，关于这一数论知识，各种版本的教材是怎样编排的？要专业地去读教材，读出不同，比较借鉴，纵向横向都要进行把握，要教授有根的数学。

2. 直面学生现实：要了解学生对这一知识了解多少，问学生：你听说过因数和倍数吗？你怎样理解的？试着举例说明。其实学生对这一知识并不陌生，但是学生的理解是：因数存在于乘法中，而倍数存在于除法中。这一认识就会干扰他对新知的认识，产生学习困惑。这时当我们了解这一情况时就要去阅读各种版本的教材，人教版的、苏教版的和北师大版的，也就是说要求我们教师人手一份三种版本的教材，用心地读，读懂、读明白教材的编排意图，而后进行有效设计。

3. 动态生成的课堂：用心地读教材后制订教学目标，即通过动手操作，使学生认识和理解因数、倍数的意义及相互依存的关系，发现并掌握寻找因数和倍数的方法，在学习体验的过程中培养学生有序思维的能力。所谓的教学重点是针对教材而言，教学难点是针对学生而言，如何在课堂上把握教材，利用生成性教学资源为自己的教学服务是我们教师必备的教学素质之一，如何在课堂上智慧地解读教材最能体现你对教材的理解和把握是否正确、到位。

【案例分析】

蓝岚老师在博客中写到：吴正宪是北京市一位著名的特级教师，是我非常崇拜和尊敬的一位教师。第一次和她亲密接触，看到真人是在8年前的杭州浙江大学，她给我们与会者上了一堂精彩的数学课；2010年11月5日，仍是在浙大，我又一次聆听了她的讲座“如何做好教学设计”。风采依旧，亲切动听的声音让我心情激动。吴老师曾说：“教师工作是我生命中的重要经历，我在年复一年、日复一日地付出、奉献，我也在年复一年、日复一日地收获。我收获了孩子们的那份真诚与渴望；收获了老师们的那份热情与期待；收获了社会的认可与尊重。同时，我也收获了自身成长道路上的成功和快乐；实现了个人生命价值与教师职业生命价值的和谐统一。”

蓝岚老师深思体味吴老师的课，自问一堂堂精彩的数学课背后到底隐藏着怎样的故事？为什么同样的一个教学内容，在大师们的手中却能演绎得如此精彩？而当我们去驾驭的时候，往往却不尽如人意，产生很多遗憾，甚至失败！吴老师告诉我们，要上好一堂课，就要进行有效的教学设计，简单地讲就是我们原来所讲的“要精心准备”。我们做到精心准备了吗？反正我在这一点上是很惭愧！上了20年的课，却越来越觉得力不从心，好像从来没上过课一样，面对几十双天真的眼睛，有时真的感到很惶恐，不知能不能无愧于学生喊出的“老师”这个称呼？其实，批评孩子的同时自己心里也在琢磨：怎么会出现这样的错误呢？也许真的是自己的失误造成的，没有好好安排教学内容，没有好好设计学生的学习活动及学习方式，没有更进一步去了解教学内容背后更深层次的数学文化，让自己的课堂苍白无力，没有生命力，没有吸引力，也就谈不上让学生得到长足的发展了。作为一名一线的教师，我们有太多的工作要去完成，其实自己也想静下心来好好研究研究自己的课堂，可总也做不到静下心来，而且我们的研究只是停留在简单、零碎、无条理的思考里，如何做教学设计，我的理解是：选择适合自己的教学方式，让学生自己提出问题，独立思考，探究问题，教师要时刻关注学生，关注课堂生成，做好引领工作，让学生真正学有所获。

附录 1：学生对有效教学的 50 条建议①

题记：我想有效的课堂教学不仅仅只发生在课堂上，它延伸到很远。

——本书作者

1. 上课不古板。

• 希望老师要有力度。课不要过于严肃，也不要过于随意，偶尔可以活跃一下课堂气氛。继续讲课时要有力度，马上使课堂安静。

• 讲课方式过于单一。开设有趣味性的课堂。希望上课轻松一些，不要太死板。有趣的上课方式让学生不走神。多做一些游戏，把知识融入在游戏的过程中，这样学生会很容易接受。

• 寓教于乐。课堂应该是活跃的。所谓活跃并不是“玩”，而是老师可以带动学生在课堂上以生动的方式思考问题。思维活跃但不乱秩序。在娱乐中学习，可以在途中渗入一些流行的文化，如武术、防身术、魔术等，调动学生的积极性。

• 上课时应面带笑容，不要老板着脸。面目表情要丰富。用一种很温暖很和善的眼神跟每一个学生交流，不要每堂课就只看某几个学生。这样会让其他学生感觉不重视自己，也就没有学习的动力了。

• 老师能时不时地与学生开点小玩笑。在枯燥乏味的课上容易困。可以讲讲笑话缓解下气氛，让学生精神起来，也提高了学习兴趣。老师过于严厉的话，会造成课堂呆板。

• 要快乐的课堂，轻松不压抑，充满欢声笑语，学生每次都会带着新鲜感去听课，尽量让学生有活力，有一点情趣。课堂充满乐趣，学生能沉浸在自己主动去听课的喜悦中。如果一堂课能做到让学生还想上一堂或者感觉时间过得很快，这才是最大的成功。

• 学生在课堂上比较自由，没有太多约束。

• 讲课时的语调不要太死板。语速应放慢，语言要通俗易懂。

① 本书作者对齐齐哈尔地区 2 所初中与 1 所高中的学生所做的有关“有效教学建议与意见”的调查结果。2010-03-25。

• 希望老师能够多笑。不喜欢老师阴沉着脸。

总之，在课堂气氛方面，学生提出教师应努力创造勤奋、欢乐、积极的课堂学习氛围。课堂应活跃一些。学生在沉闷的课堂里很容易溜号。能脱掉严肃的帽子，与学生和睦相处。

2. 应该减少学生的作业，减轻学生负担。

• 作业只是一个复习的阶段，不要将其视为考核和衡量学生的工具。

• 根据不同层次的学生留不同的作业。

• 每天的固定作业量比较大，没有时间自己整理、巩固。

沉重的课业负担——睡眠不足——上课注意力下降——知识记忆不扎实——效率低下——课业负担。

3. 老师应丰富自己的知识，老师的知识必须渊博。

4. 平等对待学生。对学生公平、公正、公开。

• 不要刻意偏袒某几个学生。对不同的学生不用太过偏向，即使偏向也不要表现得太明显。

• 师生间应以朋友相待。与学生打成一片，“上课师生，下课哥们”。

• 不以成绩评论一切。不要因为我们的成绩不好看不起我们。

5. 尊重学生。不要打击学生的自信心和自尊心。

• 说话或批评学生时不要带脏字，会让学生听着很难受。

• 不要一回答不上问题就问：“你上课听什么了？”

• 老师说话时语言不要太过激，太过分，那样容易伤了学生的自尊心。说一句两句点出来，就行了，别非得往死里损学生。学生如果恐惧一个老师，渐渐地对他的学科就开始厌烦。

• 与学生多交谈，不只是训斥。不要什么事情都采取极端的处理方式，有时规劝会好过征服。

• 不要有暴力或辱骂的行为。平和地处理学生犯错的事。不要一时冲动将学生推上风口浪尖。不要对学生做过的错事一提再提。理解现在学生的疲惫，不会机械地去进行所谓的“惩罚”。

• 不要当全班同学发火。学生若犯错误应针对犯错误的学生批评，不应把周围的学生都带上，更不要一竿子打死，使其“永无翻身机会”。

• 常鼓励我们，即使我们是自费班学生。

• 不接受记仇的老师，应该心胸开阔，老师应有老师的风度！

• 信任学生，用真心与学生交流。成为学生心中的“知己”。

6．要平易近人。如果看见老师就像鼠见了猫一样，那永远也学不好习。

• 温和些。就算课堂是吵闹的，我相信，如果是一个好老师是不存在吵闹的课堂的。

• 有点耐心。学生都有不会的题，谁都想学会。

• 学生要想学好，先得喜欢老师。多跟学生玩游戏，多与学生沟通。了解学生的想法，有助于对症下药。

7．课本上学习的知识在生活中用不上，为什么还要去学呢？有时学了很多知识，却不知道在生活中该应用在哪儿。

• 数学不太贴近生活。数学课教的很多东西在日后生活中没什么用处，多加些与生活相关联的东西。

• 外语课总是讲练习题，考试也是如此，学生只重视应试能力，忘了学它是干什么的——是说的。

8．课堂教学应以沟通互动为主，调动学生学习兴趣。

• 不要一味地讲，应诱导学生发散思维，让学生参与，激发学生对学科的兴趣。如小学时不仅老师讲还要让学生来讲题。从小培养学生的讨论观，建立自信，即使遇到困难也不畏惧的心理。

例如，黑龙江齐齐哈尔市某高中高一（1）班学生写道：我们班课堂效果很好。同学们听课认真。但我们总觉得事物的答案只有一个，没有了想象的空间，不敢去勇于向正确答案发问。平时练习题应多学一些两个答案的，能多些角度去思考。

• 课堂应多做一些活动。通过活动使学生都能记住这些活动的环节，把知识渗透到活动中，引起学生的自主记忆。

9．严格管理不应该以“罚”为主体。教师要以一种高姿态的态度来教育学生。班主任管理班级最好是既不严也不松。

• 罚不是最终的目的。学生学到知识才是最重要的。一味“罚”只有浪费时间，而不会促进其成绩提升。

• 理解现在学生的不易。

• 上课不要一直组织纪律。安静会容易困，并且在安静的情况下回答问题会紧张，之后什么都忘了。

• 能不能不时刻地盯着我们，让我们有点自由好吗（指下课的10分钟）？下课都不让我们在走廊里，哪儿都不让待，就让在教室里待着，还说什么有事下楼说，下趟楼几分钟，上趟楼几分钟，一共就10分钟，我们还能休息什么！课间让我们自由些！

•老师多多与学生谈身边的问题，而不是让学生打小报告。

•不要做什么封闭教育，什么事都不让出校门。

•不要总说什么穿校服。冬天那么冷，还让我们穿，感冒他们也不管。

•如果老师讲课活跃生动应该不会有人不去听课。

10．换位思考。能站在学生的立场想问题。学会将心比心。学生在学习时遇到困难能得到心理安慰与引导。

11．要有幽默感。语言幽默点。因为快乐会使我们更加爱学习。

12．上课有激情，学生也会有情绪。情绪要饱满。

13．老师不要放弃每一个努力的学生。不要仅凭分数来评价一个学生。不以成绩看人。只要学生努力就好，不要把成绩看得太重。相信彼此，永不放弃！Never give up！

14．老师把重点都写在黑板上。告诉这是考试必考的。在考试之前就会重点去看笔记。板书要有详有略。不要总是一黑板一黑板地写。用适中的语速说，让学生用自己的方式记录。

15．取长补短，互相学习，相互理解。

•每个学生对老师要求不同，所以一个老师不可能满足所有学生的要求，我认为我们也应相互理解。

•理解万岁。有时学生犯错误可能出于某种原因，不是有心的。

16．要让学生相信自己，只有这样才会创造奇迹。

17．目前的教学方法太老了，out 了。应该采取新型的教学方式，学习国外的教学方法，让课堂变得生动有趣，使学生都喜欢上课，喜欢学习，这样才能激起学习的主动性。

•在上课方式上加一些创新内容，如随机抽签提问等。

•能加入一些比较时尚的与课堂内容有关的故事。在课堂上能加一些有意思的情节。

•气氛太凝重了。

18．老师讲课要详细一些，不要糊弄我们。不要讲完大概意思就讲下一题。

学生对具体科目的学习的建议：

•对重点篇目进行娱乐式（即符合学生心理）的方式讲解，不要直接就让背。

• 在物理化学课上最好多做些实验，这样记忆会更深刻。

• 多组织一些有关学习的班会或话剧表演等。

• 组织课内外兴趣活动小组。

• 用奖励的方式。

• 给我们学习方法指导，让我们懂得如何学习。

• 多开展谈心活动（与学生交流）。

• 学校或所学的课本中加上《弟子规》。

• 英语只会做题，不会说，不会听，与外国人对话根本听不懂。英语口语方面锻炼较少，使英语逐渐变成“哑巴英语”。

• 作文不是写心中所想而是胡编乱造，缺乏自己的真情实感。

19. 不平板教学，多生动举例。

• 讲课应学思结合，应以现实生活中的实例来引导启发学生，讲解时穿插一些娱乐性的语言更好。

• 上课能举一些跟知识相联系的事情，以前没听过的会很吸引我，听得很精神，知识记得挺牢固。

20. 学生犯错误时不老找家长，先和学生谈心，慢慢沟通。不要总以开除来威胁学生。

21. 能适当带我们出去上一堂课。

22. 不想有太多练习册。少买一些上课不讲的书。

23. 学生对时间的要求——不要为学生过度安排日程，为学生自主学习留出时间。

• 给学生自由讨论的时间。学生自主学习能力不高，独立性不强。

• 在时间较长或内容较复杂的课堂中间加入5—6分钟的休息时间。

• 在快下课时留点时间让学生自由活动。

• 上课可以有适当时间小组讨论，既可以活跃气氛，又可以交流心知。例如，我们会跟同学一起商量题型，如果老师在讲完题型后，请同学集思广益，一起讨论一些自己的想法，效果应更好。

• 自习课总有老师占用，可我希望能多一些时间让我自己安排。

• 给学生足够的空间和时间来发展自己的爱好和兴趣。

• 课堂上应多留给我们研究讨论的时间，有助于知识的消化。

24. 有目标的时候就会认真上课。

25. 善于发现学生的闪光点。

26. 互相不应该记住对方的缺点不放。互相给对方面子。

27. 教给学生做人，为人处世的道理。否则学生只会学习，不会做事。

28. 教学不止局限于课本。能添加一些课外知识。不了解课本外的知识，知识面窄，只啃学课本却还没学好。

29. 教师也要知错就改。

30. 课堂教学可与多媒体相结合。

31. 老师再优秀也得是学生愿意去学。学生不感兴趣，老师也不能强人所难。

32. 老师上课总是习惯趴窗户，给人一种时时被监视的感觉。

33. 老师如果按桌检查作业最好走到最后一桌看一看。

34. 不要按成绩排座。

35. 有松有紧，劳逸结合。

36. 老师本身的人格魅力也很重要。

- 富有责任感，对学生的承诺能按时按质地履行。
- 对学生的要求自己要先做到。
- 做到真正的无私，讲课时完全没有私心杂念。不要刻意地排斥。
- 用心教学。
- 随时掌握潮流，能与学生打成一片。

37. 在课前稍稍提问一下，会使学生养成预习习惯。鼓励学生相互问题，而不是抠私题跑老师办公室。

38. 教科书的内容最好贴近学生的生活。

39. 老师也应该有自己的个性。

40. 注重对每一张卷子的总结，让学生有明确的方向。

41. 答理解感悟题，设的采分点未必是“我”所理解的，易造成思维定势。比如，语文考试，我对题目文章有自己的理解，答案非得统一标准。既然是写自己的理解，为什么限制我们的思维呢？

42. 不要制订一些特别硬性的规定，让学生依照自己的认识自觉进行学习。

43. 考试频率不要太快，这样容易使学生造成心理恐慌，对学习效果未必有好处。

44. 老师所教的内容应在学生的承受范围之内，这样才能有效并且及时进行巩固。不应追求速度，应注重质量。

45. 老师督促学生做笔记是件好事，但要常提醒。

46. 对于知识点、易错点以及做题方法多给学生总结。典型的知识点或题型应增加强调的次数，帮助学生深刻记忆。

47. 培养学生参与社会实践能力，不只是理论学习。一个理工科的博士连发动机都不会做，不是很可笑吗？

48. 对教学方法与方式的要求

• 明确教学目的是以学懂知识、学会方法，学好做人为准则。

• 每一节课交代具体的学习方式。条理清晰同时必须搞乐。

• 希望老师教书的目的不只是提高学生的成绩，而是能够发掘学生自身的潜力。

• 应善意总结知识前后的关联，在对比中领悟。

• 师生间应分享学习成果与总结规律。

• 认真解答学生的每一个问题。

• 鼓励提问。

• 鼓励互动。分析学生的问题与学习状况。

• 每天课堂上的内容少点。每天赶课程飞快。老师只是说同学们要回家复习，自制力暂且不谈，时间就不够。到最后冲刺也白搭——开始就没学会。

• 明确每堂课的目标。上课时东讲一点儿，西讲一点儿，没有一点规矩，甚至内容没有任何联系，这样学生跟得晕头转向的，后果可想而知。

• 帮助学生归纳总结上课的内容。这一点我深有体会——老师总是说课后自己归纳总结，学生也不知道对不对，然后老师就忘了。

• 应多加实验，注重操作，切合实际，所学知识应与实际相联系，易为学生接受。

• 及时查漏补缺。

• 积极鼓励学生，培养学生的自信心。增加学生的学习动力。

• 在讲某一单元的知识前，讲些此课在中考或高考中所占的比重。

• 在教学过程中不要只教授课本上的内容，能够有较多的课外延伸。

49. 关于教材

• 理科书中的一些公式应做重点标记，不要总是出现在题中，这样复习中可能落下。

• 有一些教材内容不太贴近北方生活，还有部分不太贴近于学生生活，这样不利于我们理解。

•书中常出现一些模棱两可的话，这不利于学生学习理解，有时还会给教师带来麻烦。

•语文教材编得不太适合学生。老师上课讲的内容考试不考。

•教材应多加些插图。增加趣味。

50. 学生对有效教学的认识

•有效教学是在最短的时间内发挥出它最大的价值。注重自由发挥。例如有一道历史题，问你认为美国南北战争中林肯是正确的吗？你认为南北哪一个赢，有利于今后的美国？为什么？不仅仅是我们考试考的那种题。

•有用的知识不只是一味地灌输，它需要让我们真实地感受才能够实实在在地成为我们自己的东西。

•在教学的过程中，如果能够多转变方法方式，通过各种途径把知识传授给我们就好了。

附录2：本书作者对有效教学的50条建议[①]

1. 以学生为本——站在学生学的角度去教。有效的课堂教学，单方面研究教师的教是不够的，学生是学习的主体，必须着重研究学生的学习基础、方法和习惯，研究学生的思维过程。

2. 差异发展：关注个体差异，满足不同学生的学习需要。如，让学生设计和实施自主的多层次的作业。如小学低年级作文教学让学生从爱写的入手。

3. 真实自然——提倡“素课”，课堂教学拒绝表演。真实的教学是不完美的，但所有有效教学最根本的基石一定是真实。

4. 问题意识——学生在课堂教学的全过程（课前、课中及课后）拥有提问的权利。学生有实实在在的问题，才会有切切实实的课堂教学。

5. 创设情境——让学生经历知识的全过程。例如，语文教学中应用文的写作训练；将抽象的问题生活化，将学生不易理解的纯理论知识熟悉化，用生活中的例子去引导学生理解并接受，使学生能将课本知识与生活实际相联系，让学生在轻松中获得知识并内化成自己的东西。

6. 举例说明——讲抽象的问题要给学生举身边的例子。考查学生是否真懂的试金石是让学生举例子。对举实例，增加学生对所学科目的感性认识，同时提高学习兴趣。

7. 动态生成——课堂教学的生命——重视动态生成。教学是门遗憾的艺术，有效的教学追求真实的遗憾，摈弃虚假的完美。

8. 教学语言——教师语言的修养。教师的声音要能清晰地传递到最后一排的学生。

9. 基于学生现有水平——有效的教学意味着适合的、合适于学生的教学。

10. 在学生生活经验基础上构建知识——关注学生的主动建构，鼓励学

① 本书作者对长春、哈尔滨、齐齐哈尔地区部分中小学及大学教师调查后的反思总结，2010-03-25。

生调动自己已有的经验在合作交流中生成新的经验，让教学走进个体生活。

11. 有效预设——备课要充分。有效的教学是预设与生成的统一。

12. 教学空白——给课堂留有空白。教学需要等待。

13. 开放的课堂——有效的教学要有开放的胸怀。开放意味着真实的、多元的、灵活的。

14. 多媒体课件与板书的整合——不可包办一切。一支粉笔，一块小黑板经常是必要的。PPT 不要太多展示课本内容，而要体现教师对知识梳理的过程及相关知识的延伸等。

15. 教育爱——教师鲜明的性格和热爱儿童的天性是教学有效的前提。爱学生、有耐心、有亲和力，教师良好的性格特质使学生愿意上你的课。

16. 营造民主、融洽的课堂氛围。有效的课堂首先应该有一个让学生感到轻松愉快、平等和谐的教学环境。

17. 互动交流，缩短与学生的距离。师生之间通过对话与交流使知识化难为易、化繁为简，使知识结构化。

• 课上——注重互动（师生互动；生生互动）；提倡走动式教学。

• 课下交流——多听取学生的心声，了解学生生活的真实状态。主动听取学生对课堂教学提出建议和意见，共同参与教与学。

18. 激发兴趣——采用刺激学生兴趣的策略。引起学生的兴趣，让他们觉得上课是件快乐的事。引导学生感受求知的乐趣，认识求知的意义，激发学生主动求知的欲望。

19. 富有讲课激情——老师有激情，学生才能有热情。

20. 不照本宣科——对自己要讲的东西理解透彻才能讲明白。拓展与学科相关的知识，尽量避免“讲书”。

21. 溯源与延伸——讲清知识的来龙去脉，适时拓展课外知识，不“读死书”。

22. 偶尔给学生一个讲课的机会——让他们感受一下备课，在准备的同时，他们对文本的理解会更加深刻。

23. 个性化教学——讲课有独特的风格、鲜明的个性，既不循规蹈矩，又不脱离现实课堂。

24. 平等对待学生。公正——对所有学生一视同仁。注意角落里不爱发言、不主动思考的学生。

25. 教给学生为人处世的道理。在课堂教学中自然渗透主流价值观，引导学生不能只知学习，不懂做人，不会做事。

26. 教态自然、亲切温和——使学生有勇气提出问题。教师授课时不能时时刻刻板着一张脸。

27. 有幽默感——讲课幽默风趣，但不是乱讲些无聊的笑话。

28. 善于管理课堂时间——授课时注意时间分配。充分利用好前20分钟，是学生注意力最佳期。给予足够时间自主学习。给学生自由讨论的时间。

29. 及时复习——适时引导学生回顾所学，巩固学习成果。

30. 上课不古板。寓教于乐。老师可以带动学生在课堂上以娱乐的方式思考问题。思维活跃但不乱秩序。在娱乐中学习，可以在途中渗入一些流行的文化，调动学生的积极性。

31. “放”与“收”的协调——有效的课堂管理行为。

32. 在玩中学——结合教材相关知识与游戏活动相结合（小学低年级特适用），避免教材的无味性。可参阅小学语文特级教师张化万的教学法。

33. 在意学生的情绪。关注学生在课堂教学的态度（学生的课堂感受和处境），调节疏导学生的情绪——像爱护眼球一样保护学生的自尊。

34. 指导预习，明确重点

35. 培养自学能力——不仅培养学生接受知识的能力，也要培养学生探索知识的能力。

36. 自己动手制作教具——建立自己有效教学的“百宝箱”

37. 提高学生的“最近发展区”——适当提出些“难题”，增加学生的“挫折感”，同时使其产生不服输的劲头。

38. 教学相长——师生互动与合作。教师亦学生，学生亦教师。教与学的相互关系须认清。

39. 不情绪化——不将个人情绪带到课堂。

40. 有丰富的学识。

41. 教学不止局限于课本。能添加一些课外知识。不了解课本外的知识，知识面窄，只啃学课本却还没学好。

42. 上课时面带笑容。不要老是板着脸，面部表情要丰富。

43. 注意眼神交流——用一种很温暖很和善的眼神跟每一个学生交流，

不要每堂课就只看着某几个学生。这样会让其他学生感觉不重视自己，也就没有学习的动力了。

44. 不要放弃每一个努力的学生。不以成绩看人。只要学生努力就好，不要把成绩看得太重。相信彼此，永不放弃！Never give up!

45. 尊重学生，不要打击学生的自信心和自尊心。

46. 不要按成绩排座。

47. 学会写教育案例——教育反思促进教师自主发展。

48. 学生犯错误时不老找家长，先和学生谈心，慢慢沟通。不要总以开除来威胁学生。

49. 拓展学生的经验——课程资源开发利用（利用校外学习环境如图书馆、书店等）。

50. 关爱学生的身心健康——作息时间的保障是前提。

后　记

让教育富有内涵

有效教学的理念源于20世纪上半叶西方的教学科学化运动，在美国实用主义哲学和行为主义心理学影响的教学效能核定运动后，引起了世界各国教育学者的关注。他们认为教学不仅有科学的基础，而且还可以用科学的方法来研究。他们关注的是教学的哲学、心理学、社会学的理论基础，以及用观察、实验等科学的方法来研究教学问题。

但引起我对有效教学关注、思索并付诸实践的，是帕克·帕尔默在《教学勇气》中的那句话："好的教学不能降低到技术层面，真正好的教学来自于教师的自身认同与自身完整。"《以案说理：有效教学需要什么》这本书似乎在探讨一门技术——关于有效教学的路径，但我想它更是一门艺术。技术和艺术不同，因为艺术饱含深情。每一个课堂教学的背后，都藏着一个个关于深情的故事。正像马科斯·韦伯所论述的那样，当教学成为人生的志业时，教学就超越了功利的目的，成就了人生。唯此，教学才是一种生命的荣耀。

《以案说理：有效教学需要什么》记录的是作者在20年中小学、大学教学一线的思考与实践的履痕。迈克·富兰在《变革的力量》一书中强调，由于教学情境的不确定性，教学对象的复杂性和差异性，教学决策的不可预见和不可复制性，这些特点决定了教师这个职业需要一种实践智慧，需要现场观察、临场决断和随机应变的能力，但是这种智慧，这些能力的获得仅靠阅读一般的教育规则、原理和方法是远远不够的，教育还需要结合典型的案例情境，深入其中去体味、展开开放式的讨论，设身处地进行感悟。案例教学法的推广是教师专业化成长的必然。

"以案说理"是本书的一大特色。全书以案例为主导，通过案例的呈现，在具体的情境中分析有效教学的原理和方法，将其串连于整个行文之中，使抽象的道理具体化、形象化；疑难、困惑的解决简单化、明了化，旨在为基础教育一线教师提供反思和借鉴——关于课堂、关于教学、关于新课程背景下教师理念与行为的改变等。概而言之，就是通过案例主导模式的运用，避免生涩说理的空泛，将案例模块的具体作用通过小标题的形式凝练出来，起到明确的指引作用。案例的优势在于其根植于实践，贴近生活，同时提供在情境中如何具体问题具体分析以及应当避免的误区，具有一定的针对性。

第斯多惠说："正如没有人能把自己没有的东西给予别人一样，谁要是自己还没有发展、培养和教育好，他就不能发展、培养、教育好别人。"由此观之，课堂教学有效性得以保证的前提是让教学富有内涵，是教师的专业自觉和自我成长。研究发现有五个方面影响教学的有效性：教师所掌握的实际课程领域的知识和教学内容的知识；教师教学法的技能，包括使用有效教学策略的意识和能力；教师教学反思的能力与自我批评能力以及教师专业化的品质；教师的移情能力与尊重他人的品德；教师教学管理能力等。在本书的写作中，我切身感受到"眼睛是懒汉而手是好汉"这一民谚的深刻性，理想与现实的差距总是有的，但是也是可以缩小的，就看你要不要去做。

本书在写作过程中，得到了我的导师东北师范大学陈旭远教授和师母张捷教授的悉心指导和帮助，从选题设计到撰写再到修改，他们都提供了许多宝贵意见，在此深表敬意与谢忱！本书参考引用了诸位学术同仁的研究成果，在书中虽认真做了标注，但有可能由于疏漏未及注明，在此向成果的原作者表示衷心的感谢和歉意！由于水平有限，书中还有很多不足之处，恳请专家学者和广大读者批评指正！尤其渴望一线中小学教师的不吝赐教与交流切磋！

田立君

于齐齐哈尔大学教育与传媒学院